¡DIME CÓMO TE LLAMAS Y TE DIRÉ QUIÉN ERES!

¡DIME CÓMO TE LLAMAS Y TE DIRÉ QUIÉN ERES!

Guía numerológica para elegir el nombre de tu bebé

Aparecida Liberato
y Beto Junqueyra

Grijalbo

Dime cómo te llamas y te diré quién eres

Primera edición: octubre, 2007

D. R. © 2007, Aparecida Liberato y Beto Junqueyra
D. R. © 2007, Rosa María Fernández, por la traducción

Derechos exclusivos de edición en español reservados
para todo el mundo:

D. R. © 2007, Random House Mondadori, S. A. de C. V.
        Av. Homero No. 544, Col. Chapultepec Morales,
        Del. Miguel Hidalgo, C. P. 11570, México, D. F.

www.randomhousemondadori.com.mx

Comentarios sobre la edición y contenido de este libro a:

literaria@randomhousemondadori.com.mx

ISBN: 978-970-810-065-6 (tapa rústica)
ISBN: 978-970-810-099-1 (tapa dura)

Impreso en México / *Printed in Mexico*

Dedico este libro a mis padres, Maria do Céu
y Augusto, los autores de mi nombre.
Aparecida Liberato

Dedico este libro a Cristina, João Pedro, Miguel y Mónica,
nombres que trajeron gran fuerza a mi vida.
Beto Junqueyra

Agradecimiento

Agradecemos a nuestra amiga Denisse de Kalafe por la idea de este libro. Su nombre Denisse, de número 30, le trae la alegría de vivir y la facilidad de expresar, por medio de la música, su gran talento de comunicación.

Índice

Prefacio 11

1 Mientras tanto, en la escuela... 15

2 Un momento especial: la elección
   del Nombre de Vida 19

3 El nombre completo: aprender a lidiar
   con el Destino.. 127

4 La fecha de nacimiento: descubrir
   la lección de vida 155

# Prefacio

El verdadero significado de los nombres

—¡Dio positivo! ¡Estoy embarazada! —gritó la madre, feliz, al leer el resultado de la prueba de embarazo—. ¡Si es niña me gustaría que se llamara Mara! ¡Es un homenaje a mi tía Mara!

—¡Qué hermoso, mi amor! ¡Hermoso! ¡Estoy tan feliz! —contestó el padre emocionado, abrazando a la madre del niño que nacería siete meses después...

Pero, tras un largo abrazo, el futuro padre dijo:

—Sólo hay un problema... ¡Si es niña, preferiría que se llamara Lía! Ya sabes, fue doña Lía quien me enseñó a escribir cuando tenía seis años... ¡Ella es la que merece ser homenajeada!

Y continuaron discutiendo el nombre de su hija. Tanto querían que fuera niña, que ni siquiera se les ocurrió la posibilidad de que fuera varón...

En los días siguientes la pareja se encargó de comunicar la noticia a sus padres, hermanos, amigos y colegas. La tan soñada niña venía en camino. El padre quiso poner un anuncio en el periódico de la ciudad para registrar tamaña alegría. Rápidamente, la madre empezó a hacer la canastilla del bebé. Mejor dicho, ¡de Mara! ¿O de Lía?

¿Mara o Lía? ¿Lía o Mara?

Pasaba el tiempo, la barriga aumentaba día tras día, pero la discusión persistía. Entonces la madre decidió comprar un libro para entender mejor el significado de los nombres que deseaban dar a la bebita.

Pero, para su decepción, descubrió que Mara significaba "amargada". ¿¡Amargada!? ¿Cómo? No podía ser... Era el nombre de una tía que vivía en el extranjero y a la que ella admiraba mucho.

"¿Amargada? ¿La tía Mara? ¿Será que en lo más íntimo, la tía Mara siempre ha sido así y yo nunca me di cuenta?" —pensaba a cada momento.

¿Y Lía, para frustración del padre, que también consultó el diccionario? ¡Significaba "cansada"! Cansada...

Estaba claro que no deseaban esas "características" para un hijo. La pareja buscó más información en Internet y compró otros libros.

El resultado en los textos tradicionales sobre nombres no decía nada sobre la esencia de cada uno de ellos.

Lo poco que descubrieron no fue muy alentador: Mara, de origen hebreo, proviene de la palabra *marah* que, de hecho, quiere decir "amargo" y significa "afligida, amargada". Y, según la mitología hindú, Mara es una divinidad... ¡Es el dios de la muerte!

No, no podía ser Mara. Ni Lía...

Sin embargo, esos nombres no tienen esas características negativas. Con seguridad las personas que se llaman Mara no son amargadas. Ni aquellas con el nombre de Lía están cansadas.

Esas definiciones no pasan de ser meros orígenes. Nuestro nombre o el que escogemos para nuestros hijos conlleva vibraciones y significados mucho más fuertes que su simple etimología.

Según la numerología, la energía que da el nombre de Mara a las personas que lo reciben, no tiene nada que ver con amargura o muerte. Mara, un nombre de vibración 15, contribuye con características de amor, responsabilidad y justicia.

Lo mismo sucede con Lía, que tiene la vibración del número 13. Con esa energía, Lía se revela como una persona resistente, práctica y determinada. O sea, es lo opuesto a una persona cansada.

En este libro trataremos ese asunto con mayor profundidad. Le daremos más elementos para que usted pueda saber en realidad las energías positivas y negativas que los nombres traen consigo. Eso es muy importante para ayudar a seleccionar el nombre de un hijo, así como para entender lo que está detrás de ese nombre o de los nombres de las personas que lo rodean.

Es un hecho que cuando conocemos el número del nombre y la energía que éste conlleva, se nos revelan el carácter y la personalidad de ese ser. Así, se facilita comprender sus actitudes para que sea posible lidiar mejor con los desafíos que surgirán a lo largo de su vida y de la vida de sus hijos, con una mayor comprensión y equilibrio.

1 Mientras tanto, en la escuela...

—¡Miguel! —gritó la maestra, por octava vez en el aula—. ¡O te quedas quieto en el pupitre o no vas a ir a ver la película sobre los pingüinos!

La maestra Rita, la paciente docente que daba clases en cuarto grado desde hacía más de veinte años, estaba delante de uno de los mayores desafíos de su carrera: Miguel.

El niño tenía un temperamento fuerte que lo acompañaba desde los primeros meses de vida. Los padres creían que al cumplir diez años se tranquilizaría. Por lo menos un poco. ¡Nada de eso! El tío, pediatra, incluso le hizo unos exámenes... Pero Miguel no era hiperactivo. Tenía, sí, una gran energía y desbordaba alegría y entusiasmo por donde pasaba. Quería aprender, conocer el mundo. Nada que no entendiera quedaba sin solución. Pronto buscaba una respuesta, que suscitaba otra duda, y ésta a su vez... Y nadie tenía alternativa.

Miguel sentía la necesidad de resolver sus problemas en el momento. Ahí mismo. No podía esperar. Si el compañero de junto tenía un libro diferente, que aclaraba algo que a él le interesaba, él no dudaba, le pedía el libro para poder darle un vistazo. E insistía en plena aula, hasta que lo conseguía. Así era Miguel. Y en el futuro, con certeza él no tendría dificultades para lidiar con los desafíos que surgieran.

—¡Miguel!

—¡Pero, maestra Rita! Yo sólo quería comprobar el experimento de Leonardo...

—¿Leonardo? ¿Experimento? Miguel, transformaste esa pluma, con una hélice de papel, en una bomba voladora que le pegó a su...

—¡Bomba, no! Era el helicóptero de Leonardo Da Vinci, del que leí en el libro de mi compañero.

—¡Bueno, regresemos a la lección! —dijo la maestra—. Antes que nada, me gustaría que alguien se ofreciera como voluntario para ayudarme a preparar la fiesta del Día del Libro. Alguien para...

—¡Yo, maestra! –gritó Priscila, levantando el brazo derecho, sin esperar a que su profesora acabara de hablar.

—¡Priscila! Qué bueno, tú siempre estás dispuesta a participar en la organización de nuestras actividades.

La niña era una buena compañera en casa, en la escuela, en el grupo de niños exploradores y en el club. Siempre estaba dispuesta a ayudar a los maestros y jefes a preparar fiestas, eventos y hasta bingos para recaudar fondos. Priscila también tenía energía, una energía especial que la conduciría rumbo al destino que el universo trazara para ella. Desde muy pequeña, tenía un espíritu de colaboración contagioso.

—¡Yo también quiero ayudar! –gritaron dos niños al mismo tiempo...

Sin embargo, otra compañera de clase, como sucedía algunas veces, se puso celosa:

—¡Priscila es una pesada! ¡Ella sólo quiere llamar la atención!

Antes de que la aludida pudiera contestar, la pequeña Inés salió de inmediato en su defensa:

—¡Priscila sólo quiere ayudar! Tú sabes que todo lo que hace sale muy bien.

E Inés continuó con la defensa, recordando el incontable número de fiestas que Priscila había ayudado a organizar. No había nada que decir contra el espíritu solidario de la niña de nueve años. La compañera acabó aceptándolo, sin resentimientos.

—¡Muy bien expresado, Inés! ¡Eres una diplomática nata! —la elogió la maestra Rita.

Miguel, Priscila, Inés, la maestra Rita... Cuatro nombres. Cuatro energías especiales, diferentes. Cuatro nombres que un día seleccionó "la intuición" de sus padres. Y esos nombres acompañarán a esas cuatro personas durante toda su vida. Ese viaje en dirección al destino, con la energía de nuestro nombre, es el que le proporcionaremos en las próximas páginas. Aprenderá lo que significan los nombres, cómo acercarse a ellos y cómo sacar provecho de esa energía.

2 Un momento especial: la elección del Nombre de Vida

—¡Presente!

¿Cuántas veces gritó usted "¡Presente!" en el salón de clases, cuando sus profesores decían su nombre al pasar lista? ¿Y cuántas veces repetirá su hijo la palabra "¡Presente!" en la escuela al escuchar su nombre?

De hecho, su nombre está presente en su vida todo el tiempo. Marca su identidad. Cuando las personas escuchan un nombre, de inmediato delinean la imagen de alguien; por tanto, el nombre es una referencia. Con su nombre, usted marca su forma de ser, su estilo de vida y su personalidad única.

Como puede apreciar en el pasaje sobre la escuela, en el capítulo anterior, nuestro nombre está dotado de una fuerte vibración. Muestra trazos de nuestra personalidad que indican cuál es la primera reacción a un determinado estímulo. Hablamos del primer nombre, del nombre de pila o del nombre que recibió la persona al nacer. Lo llamaremos Nombre de Vida.

Por ejemplo, analicemos los nombres Áurea, Carlos, Blanca, Francisco. Esos nombres tienen fuerza. Muestran sus talentos naturales. Para Áurea, todo se convierte en un gran desafío; para Carlos, lo más importante es experimentar; para Blanca, la afectividad viene en primer lugar, y para Francisco, es mejor pensar mucho antes de decidir.

Es una fuerza especial la que en un determinado momento lleva a un padre o a una madre a escoger un determinado nombre para su hijo. Éste no es obra de la casualidad. El nombre contiene toda la información acerca de la vida y de la esencia de una persona. Un aliento en el alma inspiró a los padres a escoger uno u otro nombre. La fuerza de lo divino determina el destino y el desafío de ese niño en la vida. Pero el nombre es el que revela cuál es ese destino y cuál es ese desafío.

El nombre hace que nos diferenciemos unos de otros. Sin embargo, esa diferencia no reside sólo en la ortografía, en la estética o incluso en el origen. Si bien Érica y Érika, Ethel y Etel, Luis y Luiz tienen la misma etimología, las energías que emiten son diferentes.

Por consiguiente, mucho más importante que la etimología de cada nombre es comprender el sistema de símbolos que cada uno representa, las cualidades que éste expresa.

El nombre describe las características de personalidad de cada ser, muestra la forma en la que esa persona va a actuar conforme a su destino y también indica la forma en la que su hijo va a lidiar con la vida.

Lo que existe detrás de cada letra del nombre es un número que no expresa cantidad y sí, calidad. Esa sabiduría viene de tiempos remotos. Según Pitágoras, el filósofo griego que tuvo a Platón y a Sócrates como discípulos, los números forman los elementos de la realidad. Ellos organizan el mundo con precisión matemática y poseen fuerza. A partir de esas enseñanzas, con el paso del tiempo, se le atribuyó un número a cada letra del alfabeto, del 1 al 9, como puede observarse en el cuadro siguiente:

1	2	3	4	5	6	7	8	9
A	B	C	D	E	F	G	H	I
J	K	L	M	N/Ñ	O	P	Q	R
S	T	U	V	W	X	Y	Z	

Para ilustrar mejor cómo se realiza la conversión de letras en números, tomemos como ejemplo a la actriz Angelina Jolie, que recibió al nacer el nombre de Angelina Jolie Voight.

Al descomponer el Nombre de Vida de Angelina, obtenemos un total de 36. Vea abajo como es fácil hacer el cálculo: basta sustituir cada letra por su respectivo valor numérico.

A	N	G	E	L	I	N	A
1	5	7	5	3	9	5	1

$$1 + 5 + 7 + 5 + 3 + 9 + 5 + 1 = 36$$

Esa energía 36 significa que la actriz y modelo presenta determinadas características de personalidad que la diferencian de cualquier otra persona. Como veremos en este capítulo, a Angelina, energía 36, le gusta el contacto con los demás, quiere ser fuente de inspiración. Le agrada aconsejar y prestar servicios. Adora liderar grandes proyectos, pero puede tener dificultad para organizarlos. Es necesario que conozca los límites para no exagerar en el cuidado de los demás. Es comunicativa y creativa. Puede mostrar comportamientos extremos como alegría y desánimo. Y así es esa famosa mujer: mente abierta, con una gran capacidad de aceptación y comprensión. Angelina se involucra en forma intensa y emocional en todo lo que hace.

Al descomponer la suma de la energía de las letras que forman nuestro Nombre de Vida, llegamos a una determinada energía que varía de 6 a 78. Por tanto, para quien estudia un nombre para su hijo o quiere entender las vibraciones de su propio nombre, en las próximas páginas describimos todas las posibilidades.

Enseguida, presentamos una relación de más de mil nombres, divididos en nombres de niñas y nombres de niños. Para facilitar la consulta, mencionamos la etimología de cada uno y el número de energía de su Nombre de Vida.

No obstante, si el nombre que busca no está en esta relación, para saber lo que significa y calcular su vibración, consulte a continuación el número correspondiente. Así, conocerá la energía de su Nombre de Vida, aquella energía que está en su primer nombre y que le acompañará al actuar sobre su modo de comportarse a lo largo de su camino.

A diferencia de Angelina Jolie, que sólo tiene un Nombre de Vida, una persona puede tener dos nombres propios, como Ana Laura y Eric Alejandro. En esos casos, deberá calcular tanto la energía de los dos nombres juntos como la energía del nombre por el cual se le conoce más.

Nombres de Vida del 6 al 78

Nombre de Vida 6

Para vivir bien necesita sentirse parte de un grupo de amigos, de trabajo, comunitario o familiar. Resulta mejor aún si está en todos. Cubre las necesidades de los demás. Es amable y sabe escuchar. Debe tener cuidado de no dejarse influenciar por otras personas, pues su tendencia es dedicarse demasiado a ellas. Posee buen talento artístico.

Nombre de Vida 7

Tiene una gran intuición que le ayuda a sentir todo de manera muy especial. Su aguda percepción le es útil para encontrar soluciones. Reacciona a los estímulos de forma calmada y discreta, sin implicarse. Necesita cierto tiempo para responder, para dar su opinión y para definirse. Necesita analizar profundamente, para sentirse seguro por completo y asumir una posición.

Nombre de Vida 8

Reacciona a la vida con ánimo decidido y valiente. Procura concentrar sus esfuerzos para dar una solución eficaz. Enfrenta los estímulos sabiendo que a partir de su actitud se generará una serie de nuevas oportunidades. Lidia con su destino de manera ambiciosa y productiva. Es muy intenso en sus decisiones. Reacciona con lógica, busca ventajas y oportunidades. Adopta actitudes ajustadas a la razón.

Nombre de Vida 9

Reacciona a los estímulos de modo gentil y comprensivo. No prejuzga y es pacifista. Muchas veces asume actitudes basadas en las emociones, se conmueve intensamente y puede hasta impresionarse. Con la mente abierta y un pensamiento liberal, procura comprender todo y eso puede hacer que se le dificulte ser objetivo.

Nombre de Vida 10

Reacciona a las situaciones de forma directa; es eficaz para encontrar una solución innovadora y rápida a las mismas. Necesita estar motivado siempre. Sabe influenciar a las personas, desea dar las órdenes y su presencia es armónica. No le gusta tratar con los detalles. Debe controlar su tendencia a desear todo en el momento. Prefiere obrar solo, pues es muy creativo y original.

Nombre de Vida 11

Sensible hacia otras personas, les da fuerza. Es responsable, siempre tiene una manera lógica y práctica de analizar y resolver problemas y enfrentar desafíos.

Reservado e introspectivo, revela su gran fuerza espiritual al aprender en cualquier situación. Es fuente de inspiración para los demás y posee fuertes dones artísticos.

Nombre de Vida 12

Simpático y amable, sabe convencer a sus pares. Sin embargo, cuando es muy franco en lo que dice y opina, acaba por ahuyentar a las personas. Alegre y lleno de vida, le gusta estar rodeado de amigos. Hace de todo para ser valorado y reconocido. Simple y práctico, es una persona de acción. Movido por el entusiasmo, aprecia situaciones en las que lo desafíen mentalmente.

Nombre de Vida 13

Le gusta renovar, transformar y sustituir un patrón por otro más eficiente. Obtiene placer al ayudar a resolver los problemas de los otros con sus ideas originales. Siempre encuentra una alternativa objetiva y práctica.

Sin embargo, puede tener dificultades para expresar lo que quiere hacer, con lo que desperdicia su potencial creativo.

Nombre de Vida 14

Dinamismo, determinación y una intuición fuerte le ayudan a estructurar los muchos ideales que vienen a su mente. Adora las novedades, tiene una necesidad enorme de experimentar lo nuevo y de aventurarse. La versatilidad y la sensualidad son sus marcas registradas.

Lleno de confianza en sí mismo, le gusta implicarse en grandes empresas.

Nombre de Vida 15

Busca la armonía y el equilibrio. Es muy observador, extremadamente activo y dinámico. Generoso y responsable, se desvela como nadie por sus cosas y por los que lo rodean. Obstinado, contesta todo, y con su mente ágil y rápida, tiene siempre una opinión para dar.

Se comunica con facilidad y claridad, y cautiva e influencia a otras personas con sus consejos.

Nombre de Vida 16

Es un amigo leal, bastante intuitivo y creativo. Líder por naturaleza, tiene magnetismo y atrae a otras personas. Perfeccionista, no le gusta que interfieran en sus planes.

Parece solitario, porque busca el aislamiento, pero siente gran necesidad de estar rodeado de amigos y parientes. Busca analizar todo de forma lógica y racional.

Nombre de Vida 17

Tiene espíritu de detective; es hábil para lidiar con cualquier problema y resolverlo. Su gran poder de concentración lo ayuda a enfrentar las situaciones más difíciles.

Busca alcanzar un conocimiento más profundo y más espiritual de la vida. Es firme en sus decisiones e ideas. Es líder y sabe dar órdenes.

Nombre de Vida 18

Muy intuitivo e idealista, puede experimentar dificultades para enfrentar obstáculos. Por otro lado, sabe resolver los problemas ajenos, al dar consejos valiosos. Tiene una gran intuición y es bastante sensible.

Su exceso de dramatismo puede perjudicar su forma de encarar la vida. Es intelectual y posee dones artísticos.

Nombre de Vida 19

Sabe dirigir grandes proyectos. Es muy independiente y por eso, no le gusta que invadan su espacio; no es muy abierto a las opiniones de los demás. Puede adoptar actitudes inesperadas, extremadas e ilógicas.

No le gusta lo convencional. Siente la necesidad de afirmarse, así como de mostrar su valor y su capacidad.

Nombre de Vida 20

Posee un espíritu muy conciliador y su habilidad como mediador permite que establezca una situación de armonía entre las personas. Procura agradar a los otros y sabe negociar.

Le gusta cooperar y entregarse a una causa, a una relación o hasta la superación de un conflicto. Es receptivo y sabe delegar. Cree en dar y recibir.

Nombre de Vida 21

Muy comunicativo y creativo, piensa siempre en nuevas alternativas y posibilidades. Sociable e impaciente, se preocupa por no lastimar al otro. Tiene una enorme capacidad para influir en el ambiente en el que está. Posee un humor repleto de altas y bajas.

Se le dificulta concentrarse en una idea o actividad, ya que se dispersa con frecuencia.

Nombre de Vida 22

Le gustan los grandes desafíos. Es original para resolver los problemas; llega a soluciones prácticas. Sus opiniones son firmes y tienden a controlar las actitudes y los deseos de los demás.

Muy serio, se relaciona con mayor dificultad que otros; se limita a contactos más íntimos.

Rígido, idealista y autocrítico, suele debatirse entre la razón y la emoción.

Nombre de Vida 23

Aprende con facilidad y piensa rápido. Ambicioso, tiene muchas ideas y necesita enfrentar desafíos de manera constante, aplicando aquello que creó en el día a día.

Generoso y amigable, se relaciona sin problemas y puede ejercer el papel de mediador cuando surge algún conflicto. Es inquieto y le gusta la novedad.

Nombre de Vida 24

Atrae muchas relaciones con facilidad, pues es muy atento y gentil. Su forma de ser responsable y metódica le brinda seguridad a quien lo busca.

Le gusta tanto agradar y comprometerse con los problemas de los demás, que acaba por decepcionarse. Aprecia las artes y la belleza. Disfruta las actividades en equipo.

Nombre de Vida 25

Bastante observador y atento a los detalles, puede hacer deducciones y llegar a conclusiones muy refinadas. Muy exigente consigo mismo, no le gusta demostrar su fragilidad.

Prefiere pensar mucho antes de tomar decisiones. Tiene una gran intuición y se inclina a actuar con la mente y no con las emociones.

Nombre de Vida 26

Tiene don de mando y poder, orientado para ayudar a otras personas. Prefiere controlar las situaciones. Necesita ver el resultado de sus esfuerzos, su obra es el fruto de su planificación mental.

Valora demasiado las opiniones de otros, dado que se relaciona con base en la emoción.

Nombre de Vida 27

Intuitivo y analítico, vive en conflicto entre su lado racional y su imaginación. Líder vigoroso, encara la vida con ideas creativas y originales. Opta por actuar solo, pues tiene dificultad para compartir sus sentimientos más profundos.

Es impulsivo, necesita aprender a tener paciencia y a ser disciplinado. Posee una actitud generosa y solidaria, le gusta sentirse útil.

Nombre de Vida 28

Con su energía de liderazgo, tiene el coraje para lograr sus objetivos. Dotado de gran imaginación, da forma concreta a sus creaciones mentales. Tiene sentido artístico, además de una gran intuición y excelente capacidad deductiva.

Debido a su gran tensión interna, podría tener dificultades para demostrar sus emociones y lidiar con ellas.

Nombre de Vida 29

Exigente y perfeccionista, consigue dirigir su intensa energía para alcanzar sus objetivos. Sus expectativas son altas y no admite fallas. Tiene una enorme creatividad e inclinación hacia las artes. Siente una gran necesidad de destacar y de ser competitivo. Le gusta enseñar. Idealista, acostumbra rodearse de sueños y fantasías.

Es ansioso y le es difícil valorar la opinión de otras personas.

Nombre de Vida 30

Expresa alegría y optimismo, contagia a quienes lo rodean. Tiene un espíritu solitario y le gusta ayudar y cuidar. Aprecia la belleza y las cosas más simples de la vida.

Está dotado de una gran necesidad de sentirse útil y querido. Busca la seguridad en las relaciones, aunque aprecia la libertad. Posee un sentido artístico fino y es vanidoso.

Nombre de Vida 31

Es un luchador incansable. Prefiere mandar a que le manden. Independiente y competitivo, se involucra en proyectos en los cuales pueda usar su fértil imaginación. Quiere las cosas de inmediato, es inquieto y ansioso. No sabe esperar y, como prefiere el movimiento, muchas veces es impulsivo.

Aprecia el arte, es comunicativo y receptivo. Tiene grandes expectativas para sí mismo y se siente descontento si no las concreta.

Nombre de Vida 32

Se comunica con facilidad y convence a las personas con sus ideas originales. Le gusta hacer y cultivar muchas amistades. Disfruta los viajes, necesita sentirse libre y siempre en movimiento. Le agrada cambiar y conocer nuevos ambientes. Actúa con creatividad.

Seductor, le resulta fácil asumir el liderazgo en las situaciones más variadas.

Nombre de Vida 33

Dotado de gran coraje, gusta de ayudar a sus amigos en las situaciones más embarazosas. Sentimental y preocupado por los problemas de los demás, se emociona con facilidad.

Tiende a aceptar una condición difícil para no desestabilizar la armonía del hogar, del trabajo o de sus relaciones.

Nombre de Vida 34

Interesado en aprender, está siempre en busca de estímulos diferentes que le hagan reflexionar. No le agradan las limitaciones y es independiente. Posee un espíritu aventurero y le gusta experimentar, pero organiza todo lo que está en su mente.

Es una persona introvertida y reservada, aunque cuando se siente dueño de la situación se expresa con facilidad. Está dotado de una gran intuición que le ayuda a tomar decisiones.

Nombre de Vida 35

Le gusta involucrarse en proyectos diferentes en los cuales pueda ejercer liderazgo. Es bastante práctico, lo que lo convierte en una persona ágil. Saca conclusiones con rapidez. Busca la estabilidad y la seguridad, no se arriesga sin conocer las posibilidades reales. Le gusta tener libertad de acción. Impaciente, se enoja con facilidad. Es exigente y controlador.

Nombre de Vida 36

Goza del contacto con la gente, debido a que quiere ser fuente de inspiración. Aprecia aconsejar y prestar servicios. Tiene propensión a liderar grandes proyectos, pero puede resultarle difícil organizarlos. Es necesario que conozca los límites para no exagerar en el cuidado de los demás. Es comunicativo y creativo. Puede adoptar comportamientos extremos como alegría y desánimo.

Nombre de Vida 37

Es un pionero, le gusta que lo desafíen y también estimula a otras personas con su energía. Obtiene placer al relacionarse, es simpático, amable y franco.

Preocupado por el futuro, quiere llegar a conclusiones pronto. Posee gran agilidad mental, tiene una conversación agradable y es fértil en ideas.

Nombre de Vida 38

Idealista, quiere emprender cambios en todos los ámbitos. Tiene gran necesidad de involucrarse con otras personas y de ser responsable de ellas. Influye en los demás con sus opiniones y forma de ser. Es generoso y posee una preocupación que va más allá del mundo material.

Muestra grandes oscilaciones de humor. Ansioso, no goza de mucha paciencia para esperar los resultados de sus proyectos y actitudes.

Nombre de Vida 39

Se involucra con la comunidad, le preocupa llevar alegría a las otras personas. Es intenso, apasionado, posesivo y celoso. Da soluciones creativas y decisivas para superar situaciones críticas y aparentemente imposibles. Quiere enseñar y muestra un espíritu emprendedor.

Sin embargo, puede perder el interés con rapidez y abandonar los proyectos sin concluirlos. Llega a ser muy rígido consigo mismo. Muchas veces es impaciente y actúa de forma brusca y áspera.

Nombre de Vida 40

Es metódico y muy detallista. Le gustan la lógica y el orden. Muy exigente, adora investigar; procura fundamentar con solidez sus planes e ideas. Busca respuestas profundas y sabe lo que quiere. Auxilia a los otros con sus conocimientos.

No obstante, puede ser muy cerrado en su forma de ser y muy rígido en sus creencias.

Nombre de Vida 41

Es en extremo creativo y consigue transformar sus ideas, por lo general osadas y futuristas, en realidad. Le gustan los resultados prácticos, no le teme al cambio, pero quiere mantener el control de la situación.

Versátil, se entusiasma con facilidad y muestra coraje frente a la adversidad.

Nombre de Vida 42

Tiene una forma de ser afectuosa y le gusta cooperar. Tarda en tomar decisiones, dependiendo del apoyo de los otros. Prefiere estar siempre rodeado de amigos y de la familia. Bastante comprensivo, pondera todos los puntos de vista.

Puede ser muy vulnerable a las emociones, ya que es bastante sensible. Valora las artes y la armonía.

Nombre de Vida 43

Introspectivo y reservado, está dotado de una individualidad fuerte. Independiente, encara la vida de frente. Es productivo y le gusta analizar todo, muchas veces de forma exagerada. Por lo mismo, puede requerir cierto tiempo para tomar una decisión.

Nombre de Vida 44

Quiere tener el dominio de todo y no acepta fallas. Es capaz de involucrarse por completo en trabajos que propicien algún beneficio a los demás. Muy seguro, organizado y disciplinado, sabe perseverar en sus objetivos. Le gusta comprometerse en actividades que le hagan sentirse útil, con resultados palpables. Es exigente y sabe enfrentar las adversidades.

No se expone, no habla mucho de sí mismo y es muy reservado.

Nombre de Vida 45

Posee una sensibilidad muy desarrollada. Sin embargo, puede tener dificultades y, por miedo a lidiar con lo desconocido y enfrentar riesgos, acaba por apegarse al pasado. Le gusta enseñar a los demás y se preocupa por sus problemas. Necesita aprender a usar la razón y buscar así, el equilibrio.

Nombre de Vida 46

Tiene actitud de administrador y de líder. Tiende a resolver los problemas de todos, al interceder de forma franca y dominadora. Es dinámico y rápido para tomar decisiones. Está dedicado a los demás y confía en ellos. Prefiere que lo desafíen y por eso quiere experimentar y cambiar.

Sin embargo, es posible que se resista a intentar algo nuevo. Se muestra impositivo y puede ser controlador.

Nombre de Vida 47

Dueño de un gran magnetismo, atrae a todos. Es idealista y busca la armonía, al conciliar hechos y personas. Su forma de abordar los asuntos no es siempre muy práctica, pues cree que las soluciones son mágicas y fantásticas. Le gusta enseñar e influir sobre los demás.

Muy inestable, le resulta difícil equilibrar sus emociones con su lado racional.

Nombre de Vida 48

Comunicativo, obra de forma conservadora. Está muy ligado a las normas, reglas y convenciones. Es disciplinado y muy exigente. Por eso, tiende a quedar insatisfecho con sus realizaciones. Romántico, aprecia todo lo que se relaciona con las artes.

Puesto que es muy creativo, todas las situaciones estimulan su imaginación.

Nombre de Vida 49

Es extremadamente justo y formal. Necesita seguridad y por eso evita cambiar su estilo de vida. Posee un gran control emocional; desconfía de todo y de todos. Le gusta adquirir bienes materiales. Gentil y diplomático, les da fuerza a las otras personas.

Tiene un pensamiento lógico y concreto, pero necesita aprender a organizarse.

Nombre de Vida 50

Valora las relaciones afectivas y la amistad. Le gusta conversar y se emociona con facilidad. Busca el movimiento y los cambios constantes, siempre que no afecten los lazos establecidos con las personas ni el espacio conquistado. Es muy creativo y posee capacidad de liderazgo.

Nombre de Vida 51

Simpático y rico en ideas, está dotado de un gran poder de liderazgo. Independiente y alerta, se fija en todo. Muy desconfiado, prefiere controlar a ser controlado. Desea que todo sea perfecto.

Le falta actuar con más humildad, así como aprender a lidiar con las críticas.

Nombre de Vida 52

Es una persona creativa y versátil. Tiene un pensamiento muy ágil; analiza los hechos y llega a conclusiones con rapidez. Sin embargo, puede tardar en tomar una decisión o posición cuando hay lazos emocionales. Le gusta y tiene facilidad para aprender, ya que está dotado de mucha intuición y de un gran poder de análisis. Puede aparentar frialdad; sin embargo, es muy sensible.

Nombre de Vida 53

Le gusta ser autoridad. Muy rígido, adopta una actitud bastante racional. Prefiere ser líder. Sin embargo, su forma de exigir puede perjudicar a sus actividades y sus relaciones. Siempre tiene una solución para los problemas más difíciles.

Es desconfiado y posesivo. Sabe organizar y es eficiente.

Nombre de Vida 54

Impaciente, procura encontrar soluciones de forma rápida. Posee una mente creativa y siempre llega con nuevas ideas. Asume una actitud racional y práctica frente a las situaciones. Es comunicativo y gracioso y con eso, consigue convencer a las personas con facilidad.

Nombre de Vida 55

Observador, le gusta investigar y profundizar en cada cuestión. Posee un talento excelente para la comunicación. Es intenso en sus relaciones y actitudes y cree en forma devota en la justicia y en el orden. Siempre intenta modificar las situaciones vigentes.

Está dotado de un espíritu altamente independiente y, al tomar una decisión, es casi imposible detenerlo o hacer que cambie de opinión.

Nombre de Vida 56

Tiene una actitud filosófica y procura llevar algún tipo de enseñanza a los demás. Es un amigo leal y honesto. Soñador e idealista, siempre está pensando en un lado que no es lógico ni racional.

Es talentoso, creativo y desea el liderazgo.

Nombre de Vida 57

Como no teme a los desafíos, es bastante receptivo a cambios y novedades. Es un tanto impulsivo y vive el "aquí y ahora", con objetivos a corto plazo. Tiene un humor oscilante y a menudo surgen conflictos entre su lado emocional y su lado racional. Es muy creativo y le gusta el movimiento.

Es inquieto y, por eso, puede pasarse de los límites. Comunicativo, le gusta expresarse.

Nombre de Vida 58

Cree en el orden y no le gusta errar. Sin embargo, tiene un gran poder de recuperación cuando no logra sus propósitos. Es introspectivo y controlador. Minucioso, posee una gran capacidad de análisis, no deja escapar nada.

Es creativo para resolver problemas y desafíos, se apega menos a la forma.

Nombre de Vida 59

Como lo mueve la curiosidad, tiene un comportamiento osado y bastante aventurero. Su mente es rápida, ágil e investigadora. Está dotado de soluciones originales para resolver sus dificultades.

No obstante, debe controlar la impaciencia, la inquietud y la falta de constancia. Su intensa energía lo moviliza hacia el riesgo en actividades variadas.

Nombre de Vida 60

Ejerce un papel de liderazgo en un equipo. Lo solicitan mucho para ayudar y aconsejar a otros, pues goza de muy buen juicio. Sus actos tienen como base un profundo valor de justicia.

Busca la armonía y el equilibrio en todo, en particular en las relaciones y en su ambiente. Aprecia el arte y la belleza.

Nombre de Vida 61

Tiene una forma de ser tranquila, encara todos los desafíos como una manera de encontrar la armonía. Es intelectual y le gusta aprender. Puede perder mucho tiempo cuando está obcecado con la perfección. Sin embargo, ésa es la forma en la que actúa: con mucha cautela, seguridad, control y una intuición fuerte.

Nombre de Vida 62

Aparenta ser rígido, pero es una persona sensible. Tiene gran habilidad para lidiar con detalles. Por eso, es más lento para resolver problemas. Su sentido de organización es excelente. Puede ayudar a los otros con su fuerza y su trabajo.

Sin embargo, se disgusta y se preocupa demasiado con las críticas.

Nombre de Vida 63

Es demasiado sensible. Solidario, se preocupa en exceso por los problemas de los demás, hasta el punto de dejarse influenciar. Ve la vida con idealismo y le gusta aprender sobre todos los temas. Tiene un gran poder de comprensión y aceptación. Debe aprender a administrar mejor su tiempo.

Nombre de Vida 64

Con energía de liderazgo, conquista por medio de su personalidad magnética. Sabe trabajar en equipo e incluso puede necesitar mucho el apoyo y la opinión de otras personas. Valora el contacto personal.

Le gusta tener nuevos objetivos siempre y adopta una forma diferente de abordar un asunto.

Necesita desarrollar su determinación para no desmotivarse con facilidad.

Nombre de Vida 65

Tiene características de liderazgo. Aunque sea idealista, consigue evaluar las situaciones de una forma práctica. Le gusta aprender y enseñar a la gente. Siempre aporta una idea innovadora y, ya que es organizado, obtiene resultados constructivos.

Muy práctico, se relaciona con la gente con facilidad, y conquista pronto su espacio.

Nombre de Vida 66

Le gusta hacer el bien a los demás. Dado que es muy sensible, necesita practicar el autocontrol usando la razón en lugar de las emociones. Puede sentir más dificultad para enfocar y organizar sus ideas, pues tiene en mente muchos proyectos al mismo tiempo. Le gusta estar en medio de la gente y ser popular. Se comunica con facilidad.

Por su gran optimismo, puede llegar a ser exagerado e infantil en la forma de encarar la vida.

Nombre de Vida 67

Acepta responsabilidades y cuida a los demás. Desea ser productivo, tomando en cuenta el bien de la comunidad. Valora la tradición y el orden, lo que lo hace muy rígido en sus conceptos y patrones de vida.

Muchas veces ofrece resistencia al progreso y a las nuevas ideas. Es metódico y muy cauteloso.

Nombre de Vida 68

Vive ansioso por conquistar su espacio. Ambicioso, no acepta fallas ni fracasos. Cuidadoso al tomar decisiones, prefiere actuar mediante una planificación seria a tener actitudes impulsivas. Curioso, su mente es inventiva y original.

Actúa con impaciencia y puede serle difícil escuchar a los demás.

Nombre de Vida 69

Se preocupa por obtener seguridad material, además de armonía con sus amigos y su familia. Necesita sentirse amado y protegido. Muy dedicado, puede ser posesivo. Se considera responsable de resolver los problemas de otras personas.

Posee cualidades artísticas y es muy creativo. Valora la belleza, el equilibrio y la estética. Desea amor y seguridad.

Nombre de Vida 70

Está abierto a opiniones de otras personas, aunque le guste seguir su intuición. Exhibe una elegancia natural y, debido a su estilo altivo, acaba por alejar a la gente.

Es introvertido y no se expone hasta conocer en profundidad el ambiente que frecuenta o el de trabajo.

Nombre de Vida 71

Es muy determinado y persistente en todo lo que hace. Su eficiencia se nota en la forma habilidosa con la que lidia con cualquier situación. Usa su intuición; es sensible a las señales de la vida. Busca la seguridad y la estabilidad.

Sabe organizar y administrar; busca siempre soluciones prácticas.

Nombre de Vida 72

Enfrenta las situaciones de forma inmediata. Muy ansioso, las aborda con un enfoque más racional y se preocupa por la estabilidad material.

Aparenta seguridad, pero recela de lo desconocido. Es solidario y se preocupa por las dificultades y problemas de los demás.

Nombre de Vida 73

Usa su liderazgo para difundir valores de vida, con características filosóficas. Paciente y afectuoso, busca la armonía. Siempre tiene una idea nueva y diferente. Le gusta dirigir las situaciones y es capaz de enfrentar nuevos desafíos.

Poseedor de una gran fuerza de voluntad, sabe asumir la dirección de los negocios, debido a que está dotado de talento e intuición para analizar y establecer estrategias.

Nombre de Vida 74

Demuestra gran confianza en sí mismo. Trabaja muy bien en equipo. Es exigente y siempre está en busca de mejores resultados. Le resulta fácil lidiar con conflictos, ya que interactúa bien con divergencias de opiniones.

Es líder. Sabe que puede usar su intuición para orientar sus actitudes.

Nombre de Vida 75

Comunicativo, aprecia los contactos sociales. Le gusta comprometerse en actividades y experiencias diferentes. Como no es muy práctico, tarda más en organizar sus ideas. Debe aprender a controlar sus impulsos y ser más perseverante. Pueden faltarle disposición e iniciativa.

Nombre de Vida 76

Prefiere actuar de manera independiente, buscando el progreso de forma ordenada, de acuerdo con su planificación personal. Evalúa todo mediante su raciocinio lógico y su fuerte intuición. Es muy talentoso, pero muy exigente en cuanto a los resultados alcanzados.

Nombre de Vida 77

Busca la perfección, razón por la cual es exigente. Atrae a las personas y las comprende. Su vivacidad y dinamismo son transformadores constantes. Llega con rapidez a conclusiones al usar su intuición. Muy habilidoso para tratar cualquier problema, goza de gran capacidad analítica. Busca aventuras y sabe aprovechar las oportunidades.

Nombre de Vida 78

Persistente en lo que se propone, puede resistirse a cambiar de opinión. Dedicado a la familia y los amigos, es exigente consigo mismo y con los demás. Muy responsable. Conservador, aprecia las tradiciones. Valora el éxito material, las artes y la armonía.

A continuación presentamos nombres de niñas y niños, con su origen y número de energía según su Nombre de Vida. Así podrá volver a las descripciones de éstos y consultar su significado según la numerología.

Nombre	Origen	Energía
Abigaíl	Hebreo: la alegría del padre.	32
Abra	Hebreo: aquella que ayuda a los amigos y a la familia.	13
Abril	Latino: inicio de un buen tiempo.	24
Ada	Hebreo: aquella que transmite alegría.	6
Adela	Germánico: pertenece a la nobleza, persona ilustre.	14
Adelaida	Germánico: princesa noble.	28
Adelina	Griego: aquella que protege a las personas menos favorecidas.	28
Adriane	Latino: la mujer del mar. Adria es una ciudad costera de Italia, que dio origen al nombre de un mar: el Adriático.	34
Ágata	Griego: mujer sublime, virtuosa.	12
Agnes	Griego: hace referencia al cordero de Dios.	19
Águeda	Griego: persona con muchas virtudes.	21
Agustina	Latino: mujer que merece ser venerada.	29
Aída	Latino: aquella que viene de una familia noble, distinguida.	15
Ainara	Vasco: es el nombre que se le da a la golondrina.	26

A

Nombre	Origen	Energía
Albertina	Germánico: mujer ilustre y brillante.	37
Alcira	Germánico: persona de estirpe noble.	26
Alejandra	Griego: defensora de los hombres.	30
Alfonsa	Germánico: es una variante de Alfonsina.	23
Alfonsina	Germánico: noble y lista para el combate.	37
Alicia	Griego: aquella que defiende y protege a los hombres.	26
Alina	Germánico: viene de Adelma, aquella que protege a los más necesitados.	19
Almudena	Árabe: es de una ciudad pequeña.	26
Amabel	Latino: amorosa, afectuosa.	16
Amada	Latino: variante de Amanda.	11
Amalia	Germánico: aquella que no se preocupa demasiado.	19
Amanda	Latino: aquella que es digna de ser amada.	16
Amaya	Aborigen, aymará: hija muy querida.	14
Amelia	Germánico: persona dotada de gran energía.	23

A

Nombre	Origen	Energía
América	Germánico: la princesa altiva y laboriosa. Ver Américo.	32
Amira	Árabe: aquella que es princesa.	24
Amparo	Latino: mujer que da protección.	28
Ana	Hebreo: aquella que tiene la gracia de Dios.	7
Anabella	Hebreo: combinación de Ana y Bella. Mujer bella y que goza de la gracia divina.	21
Anahí	Guaraní: la que es bella como la flor del ceibo.	24
Anaís	Hebreo: el señor contesta.	17
Analisa	Hebreo: combinación de Ana y Elisa.	21
Anastasia	Griego: aquella que fue resucitada.	22
Andrea	Griego: mujer valiente.	25
Ángela	Griego: aquella que fue enviada por Dios.	22
Ángeles	Griego: variante de Ángela.	27
Angélica	Griego: variante de Ángela.	34
Angelina	Griego: variante de Ángela.	36

A

Nombre	Origen	Energía
Angustias	Latino: difícil.	30
Antonia	Griego: aquella que es bella como una flor.	29
Antonieta	Griego: variante de Antonia.	36
Araceli	Latino: el altar del cielo.	31
Arantza	Vasco: espino.	27
Ariadna	Griego: el dulce canto.	30
Ariana	Griego: variante de Ariadna.	26
Arlina	Celta: promesa.	28
Arminda	Teutónico: la que posee armas.	33
Artemisa	Griego: la gran madre. Diosa griega.	32
Astrid	Celta: guerrera amazona.	26
Asunción	Latino: elevación.	33
Aura	Latino: oro.	14
Áurea	Latino: resplandeciente como el oro.	19
Aurelia	Latino: aquella que vale oro.	31
Aurora	Latino: el inicio del día. Diosa de la mañana.	29

A

Nombre	Origen	Energía
Auxiliadora	Latino/español: proveniente de la Virgen María.	52
Ava	Persa: agua.	6
Azucena	Latino/español: flor sencilla.	26
Babette	Griego: variante francesa de Bárbara, la que vino del extranjero.	19
Balbina	Latino: forma femenina de Balbino.	23
Baldomera	Germánico: la luchadora afamada.	35
Bárbara	Latino: extranjera.	25
Basilea	Griego: la reina.	22
Beatriz	Latino: aquella que hace felices a los demás.	36
Begoña	Vasco: de Santa María de Begoña, de Bilbao, en España.	21
Belinda	Germánico: serpiente bella.	29
Berenice	Griego: portadora de la victoria. Aquella que conquista la victoria.	43
Bernadette	Francés: nombre de una francesa que tuvo visiones de la Virgen María en la gruta de Lourdes.	40
Bernarda	Germánico: aquella que tiene la fuerza de un oso.	36

A
B

Nombre	Origen	Energía
Bernardina	Germánico: firme. Aquella que es resistente.	50
Berta	Germánico: diosa de la fertilidad.	19
Bertha	Germánico: brillante, famosa.	27
Bianca	Latino/italiano: pura, clara.	21
Bibiana	Latino: variante de Viviana.	29
Blanca	Germánico: pura, brillante.	15
Bona	Latino: buena, bondadosa.	14
Brenda	Germánico: espada.	26
Brígida	Francés: gran diosa.	41
Bruna	Latino/italiano: oscura, parda, morena.	20
Brunilda	Germánico: guerrera.	36
Buenaventura	Latino: aquella que trae alegría.	45
Calixta	Griego: la más bella, pura.	25
Camelia	Latino: taza.	26
Camila	Latino: joven criada, ayudante de ceremonial.	21
Candela	Latino: aquella que brilla.	22

B
C

Nombre	Origen	Energía
Candra	Latino: luminosa.	23
Caridad	Latino: amor fraternal.	31
Carina	Latino: querida, muy amada.	28
Carine	Latino: variante francesa de Carina.	32
Carisa	Griego: la belleza.	24
Carla	Germánico: mujer fuerte, resistente.	17
Carlina	Germánico: variante de Carla.	31
Carmela	Hebreo: jardín divino.	26
Carmen	Latino: poema. Se popularizó por la ópera de George Bizet.	27
Carola	Latino: mujer muy femenina.	23
Carolina	Germánico: diminutivo de Carla.	37
Casilda	Árabe: la virgen que lleva la lanza.	22
Casimira	Eslavo: aquella que defiende la paz.	37
Catalina	Griego: pura.	25
Cecilia	Latino: justa.	33
Celestina	Latino: celestial.	34
Celia	Latino: aquella que vino del cielo.	21

C

Nombre	Origen	Energía
Celina	Latino: variante de Celia, que desciende del cielo.	26
Celmira	Árabe: brillante.	34
Charlotte	Francés: variante de Carlota, Carla. Fuerte.	39
Cindy	Griego: aquella que viene de la colina.	28
Cinthia	Griego: variante de Cintia.	37
Cintia	Griego: aquella que vino de la colina.	29
Citlali	Náhuatl: variante de Citlalli. Estrella.	30
Citlalli	Náhuatl: estrella.	33
Clara	Latino: brillante, ilustre.	17
Claudia	Latino: mujer que formaba parte de la antigua y tradicional familia romana de los Claudios.	24
Clea	Griego: aclamar.	12
Cleo	Griego: aclamar, festejar.	17
Cleopatra	Griego: la gloria de su tierra.	37
Clío	Griego: aquella que celebra.	21
Clotilde	Latino: variante latinizada de Clothilde, guerrera llena de sabiduría, famosa.	35

C

Nombre	Origen	Energía
Colomba	Español: paloma.	25
Concepción	Latino: aquella que concibe, que engendra.	52
Constanza	Latino: mujer perseverante y de actitudes firmes.	32
Consuelo	Latino/español: aquella que consuela.	32
Cora	Latino: moza virgen.	19
Cordelia	Celta: joya del mar.	40
Corina	Latino: hija de Cora o Coralia.	33
Cristina	Latino: aquella que piensa con claridad.	39
Cristine	Latino: variante de Cristina, aquella que piensa con claridad, nitidez.	43
Crystal	Latino: variante de Cristina.	26
Daira	Griego: aquella que es muy sabia.	24
Dalia	Latino: linda como la flor del mismo nombre.	18
Dalma	Latino: de Dalmacia, región de los Balcanes, bañada por el mar Adriático.	13
Dana	Hebreo: forma femenina y diminutiva de Daniela.	11

C
D

Nombre	Origen	Energía
Daniela	Hebreo: Dios es mi juez.	28
Débora	Hebreo: "especie de abeja" que alimentó a Rebeca con su leche. Nombre de la mujer que profetizó que Israel sería vencedor.	27
Delia	Griego: pura.	22
Denise	Griego: variante de Dionisia. Mujer que se consagra a Dios en los momentos más difíciles.	29
Diana	Griego: divina, personaje mitológico, es la diosa de la caza.	20
Dina	Hebreo: aquella que fue juzgada. Descendiente de Jacó y Lia.	19
Dinorah	Arameo: luz.	42
Dolores	Latino: lamentaciones.	34
Dominica	Latino: variante de Domingo/Dominga.	41
Dora	Griego: presente, dádiva.	20
Dulce	Latino: dulce, tierna, cariñosa.	18
Dulcinea	Latino: dulce.	33
Edith	Germánico: obsequio rico, dádiva.	28
Edna	Hebreo: se vuelve joven de nuevo.	15

D
E

Nombre	Origen	Energía
Eduarda	Germánico: aquella que defiende sus riquezas.	27
Elba	Latino: isla en la costa oeste de Italia.	11
Elena	Francés: luz brillante.	19
Eleonor	Hebreo: variante de Eleonora.	39
Eleonora	Hebreo: Dios es mi luz.	40
Elina	Griego: pura, casta.	23
Elisa	Latino: feliz.	19
Elizabeth	Hebreo: Dios es mi juramento.	43
Eloísa	Germánico: luchadora llena de glorias.	25
Elsa	Germánico: la hidalga.	10
Elvia	Latino: aquella que tiene el cabello pelirrojo.	22
Elvira	Germánico: la princesa.	31
Ema	Latino: universal.	10
Emanuela	Hebreo: Dios está con nosotros.	27
Emilia	Latino: aquella que trabaja con determinación y audacia.	31
Emily	Latino: variante inglesa de Emilia.	28

E

Nombre	Origen	Energía
Emma	Germánico: aquella que es universal.	14
Encarnación	Latino: aquella que se encarna. Alusión a Jesucristo.	52
Engracia	Latino: favorecida por Dios.	40
Enriqueta	Germánico: viene de Henrique, la persona más importante en el hogar.	47
Érica	Germánico: la princesa honrada.	27
Éricka	Germánico: variante de Érica.	29
Esmeralda	Latino: la piedra preciosa de color verdoso.	33
Esperanza	Latino: la esperanzadora.	42
Estefanía	Griego: aquella que fue coronada con mérito.	35
Estela	Latino: estrella. La doncella que fue la estrella de la familia.	17
Ester	Hebreo: estrella.	22
Esther	Persa: estrella.	30
Etel	Germánico: noble, fiel.	15
Ethel	Germánico: variante de Etel.	23
Eudosia	Griego: aquella que tiene buenos pensamientos, sabiduría.	29

E

Nombre	Origen	Energía
Eudoxia	Griego: variante de Eudosia.	34
Eufemia	Griego: aquella que es afamada.	33
Eufrasia	Griego: aquella que rebosa alegría.	35
Eugenia	Griego: aquella que nació en cuna de oro. Noble.	35
Eulalia	Griego: aquella que habla con elocuencia, que es bien comprendida por todos.	25
Eunice	Hebreo: aquella que obtiene la victoria.	30
Eva	Hebreo: tiene vida. La mujer del primer hombre.	10
Evangelina	Hebreo: la buena nueva.	45
Evelyn	Griego: pájaro de gran estirpe.	29
Fabia	Latino: femenino de Fabio. La mujer que cultiva habas.	19
Fabiola	Latino: variante de Fabia.	28
Fanny	Inglés: divertida, alegre.	24
Fátima	Árabe: doncella espléndida.	23
Flavia	Latino: de la familia de los Flavios, antigua familia romana.	24

E
F

Nombre	Origen	Energía
Flor	Latino: tiene la belleza y el aroma de una flor.	24
Flora	Latino: la diosa de las flores.	25
Florencia	Latino: bella y perfumada como las flores.	47
Florida	Latino: aquella que da muchas flores.	38
Florinda	Latino: variante de Flora.	43
Fortuna	Latino: aquella que trae suerte.	32
Francisca	Germánico: aquella que lleva el estandarte en la batalla.	38
Frida	Germánico: aquella que disemina la paz.	29
Gabriela	Hebreo: aquella que tiene la fuerza de Dios.	37
Gabriele	Hebreo: variante de Gabriela.	41
Galatea	Griego: tiene la piel blanca como la leche.	20
Genoveva	Galés: es blanca como la espuma de las olas.	37
Georgia	Griego: aquella que trabaja la tierra.	44
Georgina	Griego: variante de Georgia.	49

F
G

Nombre	Origen	Energía
Germana	Germánico: femenino de Germán.	32
Gertrudis	Germánico: mujer armada por el poder de la lanza.	41
Gilda	Germánico: aquella que se puede sacrificar.	24
Giovanna	Latino/italiano: bendecida con la gracia divina. Variante de Juana.	38
Gisela	Germánico: la flecha.	26
Giselle	Germánico: variante francesa de Gisela.	33
Gladis	Galés: feliz.	25
Glenda	Celta: valle pequeño y fértil.	25
Gloria	Latino: honra.	35
Grace	Latino: variante inglesa de Gracia.	25
Gracia	Latino: aquella que posee la amistad de Dios.	30
Graciela	Latino: variante italiana de Gracia.	38
Gretchen	Germánico: pequeña perla.	44
Grisel	Germánico: heroína. Variante de Griselda.	34

G

Nombre	Origen	Energía
Griselda	Germánico: heroína.	39
Guadalupe	Árabe: aquella que vino del valle donde vive el lobo.	34
Hanna	Hebreo: aquella que tiene la gracia de Dios.	20
Haydeé	Griego: acariciada.	30
Hebe	Griego: la que posee frescura.	20
Helena	Griego: el sol al amanecer.	27
Heli	Griego: variante reducida de Heliana.	25
Heliana	Griego: aquella que se ofrece a Dios.	32
Hélida	Hebreo: de Dios.	30
Heriberta	Germánico: femenino de Heriberto.	50
Hermelinda	Germánico: tiene la fuerza del escudo.	53
Herminia	Germánico: consagrada a Dios.	50
Hermione	Griego: aquella que anuncia.	51
Higinia	Griego: que goza de buena salud.	48
Hilaria	Latino: aquella a la que le gustan las fiestas.	40

G
H

Nombre	Origen	Energía
Hilda	Germánico: mujer protectora, que lucha con valentía.	25
Hortensia	Latino: la jardinera.	46
Iara	Aborigen, tupí: la diosa de las aguas.	20
Ida	Germánico: próspera.	14
Imelda	Germánico: aquella que lucha con gran energía.	26
Inés	Griego: pura.	20
Ingrid	Escandinavo: la hija del héroe.	43
Irene	Griego: apaciguadora.	33
Iris	Griego: colores lindos y vivos.	28
Irma	Germánico: consagrada a Dios.	23
Isa	Latino: mujer de mucha voluntad.	11
Isabel	Hebreo: aquella que ama a Dios.	21
Isabella	Hebreo: variante italiana de Isabel.	25
Isadora	Aborigen: variante de Isidora.	35
Isaura	Griego: que viene de Isauria, región de la antigua Asia.	24
Isidora	Griego: aquella que recibe los dones de Isis, diosa egipcia.	39

H
I

Nombre	Origen	Energía
Ivana	Ruso: viene de Juana, aquella que tiene la gracia de Dios.	20
Ivone	Germánico: la arquera.	29
Ivonne	Germánico: variante de Ivone, la arquera.	34
Janaína	Africano: sinónimo de Lemanjá, reina del mar.	23
Janet	Inglés: gracia de Dios.	14
Janeth	Hebreo: aquella que posee la gracia de Dios.	22
Jaquelin	Hebreo: variante de Jaqueline.	35
Jaqueline	Hebreo: femenino de Jacobo, aquel que superó a su hermano.	40
Javiera	Vasco: femenino de Javier.	30
Jazmín	Persa: flor perfumada.	28
Jennifer	Celta: espíritu transparente.	45
Jessica	Eslavo: la hija de Jessa, dios eslavo.	21
Jesusa	Hebreo: el legado.	12
Jimena	Hebreo: aquella que escuchó a Dios.	25
Josefa	Hebreo: aquella que es elevada por Dios.	20

I
J

Nombre	Origen	Energía
Josefina	Hebreo: variante de Josefa.	34
Josefine	Hebreo: variante de Josefa, aquella que es elevada por Dios.	38
Joyce	Inglés: aquella que irradia y esparce alegría por donde pasa.	22
Juana	Hebreo: femenino de Juan.	11
Judit	Hebreo: alaba a Dios.	19
Judith	Hebreo: variante de Judit.	27
Julia	Latino: aquella que tiene el cabello crespo. Juvenil.	17
Juliana	Latino: combinación de Julia y Ana.	23
Julieta	Latino: variante de Julia.	24
Karen	Danés: pura.	22
Karina	Latino: mujer querida y amada por todos.	27
Karla	Latino: variante de Carla.	16
Katia	Griego: aquella que es de raza pura.	15
Laís	Griego: amable y querida por todos.	14
Lara	Latino: la protectora del hogar.	14
Larisa	Griego: mujer misteriosa.	24

Nombre	Origen	Energía
Laura	Latino: aquella que está coronada de glorias.	17
Lavinia	Latino: venida de la ciudad de Roma.	32
Lea	Hebreo: viene de leona.	9
Leila	Árabe: tiene el esplendor de la noche.	21
Lena	Hebreo: la magnífica. Variante de Magdalena.	14
Leonor	Griego: mujer de fibra.	34
Leonora	Griego: variante de Leonor.	35
Leticia	Latino: aquella que trae alegría y placer.	32
Levana	Hebreo: luna.	19
Lía	Hebreo: aquella que está cansada.	13
Libertad	Latino: aquella que tiene habilidad para hacer el bien.	35
Lida	Latino: la batalladora.	17
Lidia	Latino: nacida en la región de Lidia, en la antigua Asia.	26
Ligia	Griego: figura mitológica.	29
Lilia	Latino: tiene la pureza de la flor del lirio.	25

L

Nombre	Origen	Energía
Lilian	Latino: variante de Lilia.	30
Liliana	Latino: combinación de Lilia y Ana.	31
Lina	Latino: aquella que teje el lino.	18
Linda	Latino: bonita.	22
Lisa	Latino: variante de Elisa. Dios es mi juramento.	14
Lisette	Francés: diminutivo de Lisa.	27
Lorena	Francés: natural de Lorena, en Francia.	29
Lourdes	Francés: referencia a la virgen que apareció en Lourdes, Francia.	31
Lucía	Latino: aquella que nació a la luz del día.	19
Luciana	Latino: variante de Lucía.	25
Lucrecia	Latino: pura.	36
Luisa	Germánico: la guerrera afamada.	17
Luna	Latino: luz nocturna.	12
Lydia	Latino: variante de Lidia.	24
Mabel	Latino: adaptación inglesa para la amable.	15

L
M

Nombre	Origen	Energía
Macarena	Latino/español: afortunada, aquella que lleva la espada.	29
Madelaine	Hebreo: variante francesa de Magdalena, la magnífica.	37
Magali	Latino: variante de Margarita. Valiosa como la perla.	25
Magda	Hebreo: variante de Magdalena.	17
Magdalena	Hebreo: la magnífica.	31
Maggie	Latino: variante inglesa de Margarita.	33
Maite	Vasco: amada.	21
Maitena	Vasco: variante de Maite.	27
Malvina	Germánico: amiga de la justicia.	27
Mara	Hebreo: amargura.	15
Marcela	Latino: mujer batalladora. Aquella que trabaja con el martillo.	26
Marcia	Latino: aquella que fue consagrada al dios Marte.	27
Margarita	Latino: valiosa como la perla.	43
María	Hebreo: la escogida, la profeta, la Señora, la estrella del mar.	24

M

Nombre	Origen	Energía
Mariana	Latino: consagrada a la Virgen María.	30
Marianne	Latino: variante francesa de Mariana.	39
Maribel	Latino: combinación de María e Isabel.	33
Marina	Latino: mar.	29
Maris	Latino: que viene del mar.	24
Marisol	Latino: contracción de María del Sol.	33
Mariza	Hebreo: que viene del mar.	32
Marlene	Hebreo: variante de Magdalena. La magnífica.	32
Marly	Francés: nombre de un poblado.	24
Marta	Hebreo: aquella que reina en casa.	17
Martha	Hebreo: variante de Marta.	25
Martina	Latino: aquella que fue consagrada a Marte.	31
Matilde	Germánico: la que trabaja con la fuerza y la voluntad.	28
Maura	Celta: aquella que tiene piel oscura.	18
Mayre	Latino: maravillosa.	26

M

Nombre	Origen	Energía
Maythe	Vasco: amada.	27
Melissa	Griego: miel de abeja.	24
Mercedes	Latino: dar gracias.	36
Mía	Hebreo: variante de María, la elegida por Dios.	14
Michelle	Francés: variante femenina y francesa de Michel.	40
Milagros	Latino/español: milagro.	40
Mildred	Germánico: la consejera.	38
Milena	Latino: amorosa, cariñosa.	27
Mina	Germánico: amor.	19
Mirela	Provenzal: la admirada.	31
Mirelle	Francés: variante de Mirela. La admiradora.	38
Miriam	Hebreo: la hija deseada.	36
Mirna	Latino: gentil, cortés.	28
Mirta	Latino: rama de árbol.	25
Mónica	Griego: solitaria.	28
Monserrat	Catalán: monte escarpado.	42

M

Nombre	Origen	Energía
Morena	Latino: de piel oscura.	30
Muriel	Eslavo: brillante como el mar.	33
Myrian	Hebreo: señora.	35
Nadia	Ruso: esperanza.	20
Nancy	Inglés: graciosa.	21
Naomi	Hebreo: aquella que agrada, también se puede utilizar en masculino.	25
Natalia	Latino: aquella que nació en Navidad.	22
Natasha	Ruso: día del nacimiento.	19
Nélida	Griego: luz (variante de Elena).	27
Nelly	Hebreo: Dios es mi luz.	23
Nidia	Latino: pájaro recién salido del nido.	28
Nina	Hebreo: gracia.	20
Noemí	Hebreo: bella.	29
Nora	Latino: honra.	21
Norma	Latino: modelo, regla.	25
Numa	Griego: la ley.	13
Nuria	Latino: el fuego de Dios.	27

M
N

Nombre	Origen	Energía
Odete	Francés: riqueza.	22
Ofelia	Griego: serpiente.	30
Olga	Escandinavo: santa, sagrada.	17
Olimpia	Griego: celestial.	39
Olivia	Latino: el olivo (símbolo de paz).	32
Oriana	Latino: muchacha dorada.	31
Osiris	Francés: aquella que tiene muchos ojos.	35
Palmira	Latino: relativo al fruto dulce.	34
Paloma	Español: paloma.	22
Pamela	Griego: amante de la música.	21
Paola	Latino: variante femenina e italiana de Paulo.	18
Patricia	Latino: que tiene un origen noble.	41
Paula	Latino: pequeñita, delicada.	15
Paulina	Latino: pequeña.	29
Paz	Latino: usado especialmente como exaltación de Mariana.	16

O
P

Nombre	Origen	Energía
Penélope	Latino: fue esposa de Ulises y durante los veintiún años de la Odisea, esperó a que regresara a su tierra.	43
Perla	Latino: perla.	25
Petula	Latino: impaciente, inquieta.	21
Pía	Latino: devota.	17
Piedad	Latino: devoción.	30
Pilar	Latino: pilar o fuente.	29
Priscila	Hebreo: pequeña vieja.	42
Prudencia	Latino: tiene la virtud de ser prudente.	46
Pura	Latino: casta.	20
Querubina	Hebreo: femenino de Querubín.	45
Rafaela	Hebreo: curada por Dios.	26
Ramona	Inglés: protectora.	26
Raquel	Hebreo: hembra del carnero. La preferida de Jacó.	29
Rebeca	Hebreo: progenitora de Jacó.	25
Regina	Latino: reina.	36
Reina	Latino: reina.	29

P
Q
R

Nombre	Origen	Energía
Rina	Latino: abreviación italiana de Catarina.	24
Rita	Latino: alegre, radiante.	21
Roberta	Germánico: aquella que brilla con la gloria.	34
Rocío	Latino: lágrimas de flor.	33
Romana	Latino: aquella que viene de Roma.	26
Romilda	Germánico: combatiente con gloria.	36
Romina	Árabe: que viene de las tierras de los cristianos.	34
Rosa	Latino: nombre de la flor más popular del mundo.	17
Rosalba	Latino: rosa blanca.	23
Rosalía	Latino: rosa pequeña.	30
Rosalina	Germánico: bella como una rosa.	35
Rosamunda	Germánico: guardia famosa.	34
Rosana	Inglés: rosa graciosa.	23
Rosane	Francés: variante de Rosana.	27
Rosario	Latino: jardín de rosas.	41
Rosaura	Latino: rosa de oro.	30

R

Nombre	Origen	Energía
Roxana	Persa: la brillante.	28
Ruby	Inglés: roja.	21
Rufina	Germánico: pelirroja.	33
Rut	Hebreo: amistad, misericordia.	14
Ruth	Hebreo: compañera.	22
Sabina	Latino: original del pueblo Sabino.	19
Sabra	Hebreo: reposar.	14
Sabrina	Celta: según la leyenda, ninfa que vivía en el río Svern, en Inglaterra.	28
Safira	Hebreo: piedra preciosa de color azul celeste.	27
Sagrario	Latino: receptáculo sagrado.	43
Salomé	Hebreo: en paz. También, nombre de la esposa de Zebedeo.	20
Salvia	Latino: saludable.	19
Salvina	Latino: variante de Salvia.	24
Samanta	Arameo: aquella que oye.	15
Samantha	Arameo: aquella que oye.	23
Samira	Árabe: amiga inseparable.	25

R
S

Nombre	Origen	Energía
Sandra	Griego: mujer que ayuda a la humanidad.	21
Sandy	Latino: mujer venida de las arenas.	18
Sara	Árabe: princesa.	12
Sasha	Griego: variante de Alejandra.	12
Sebastiana	Griego: forma femenina de Sebastián.	28
Selena	Griego: luna.	20
Selene	Griego: diosa de la luna.	24
Selma	Árabe: amiga de la paz, pacífica.	14
Serena	Latino: tranquila.	26
Serenela	Latino: variante de Serena. Aquella que trae calma.	34
Shakira	Árabe: agradable.	31
Sharon	Galés: aquella que tiene el don de la profecía.	30
Sheila	Irlandés: la que no percibe bien.	27
Shirley	Inglés: bosque soleado.	42
Silmara	Germánico: noble victoriosa.	28
Silvia	Latino: mujer de la selva.	27

S

¡Dime cómo te llamas y te diré quién eres!

Nombre	Origen	Energía
Silvina	Latino: del bosque.	32
Socorro	Latino: dispuesta a ayudar.	40
Sofía	Griego: sabiduría.	23
Sol	Latino: el astro rey.	10
Solana	Latino: rayo de sol.	17
Solange	Latino: religiosa.	28
Soledad	Latino: solitaria, sin compañía.	24
Sonia	Griego: sabia, pensadora.	22
Sophia	Griego: sabiduría.	32
Soraya	Árabe: estrella de la mañana, planeta Venus.	25
Stephanie	Inglés: coronada de laureles, victoriosa.	43
Susan	Hebreo: aquella que es como el lirio.	11
Susana	Hebreo: flor del lirio.	12
Susana	Bíblico: "flor del lirio". Una fue mujer virtuosa en la época de Daniel. La otra seguía a Jesús y a los apóstoles.	12
Suyay	Quechua: esperar, aguardar.	19
Suzette	Hebreo: la flor lila.	26

S

Nombre	Origen	Energía
Tabatha	Hebreo: delicada como una gacela.	17
Talia	Griego: una de las nueve musas.	16
Tamara	Hebreo: palmera.	18
Tania	Eslavo: la reina de las hadas.	18
Tatiana	Latino: forma femenina de Tatius, nombre de un clan romano.	21
Telma	Griego: llena de voluntad.	15
Teresa	Griego: aquella que lleva las espigas de trigo.	23
Thais	Griego: unión.	21
Thania	Eslavo: variante de Tania.	26
Trinidad	Latino: proviene de la Santísima Trinidad.	43
Ulla	Celta: joya del mar.	10
Úrsula	Latino: graciosa como una cría de oso.	20
Valentina	Latino: fuerte.	35
Valeria	Latino: saludable.	32
Vanda	Germánico: peregrina.	15
Vanesa	Griego: la mariposa.	17

T
u
V

Nombre	Origen	Energía
Vania	Ruso: presente de Dios.	20
Ventura	Latino: aquella que tiene buena suerte.	29
Vera	Latino: verdadera.	19
Verenice	Griego: aquella que conquista la victoria.	45
Verónica	Latino: imagen de la verdad.	42
Victoria	Latino: vencedora.	43
Vida	Latino: que tiene vida, alegría de vivir.	18
Vilma	Germánico: victoria.	21
Violeta	Latino: la flor de la violeta (símbolo de modestia).	30
Virgilia	Latino: frescura.	51
Virginia	Latino: virgen.	53
Viridiana	Latino: floreciente, viviente.	51
Viviana	Latino: hada de las antiguas leyendas.	33
Walkiria	Escandinavo: aquella que escoge quién será sacrificado.	39
Wanda	Germánico: aquella que peregrina por los campos.	16
Wendy	Inglés: la amiga verdadera, sincera.	26

V
W

Nombre	Origen	Energía
Xenia	Griego: hospitalaria.	26
Ximena	Latino: obediente.	30
Yamila	Árabe: la bella.	25
Yanina	Griego: aquella que tiene la gracia de Dios en abundancia.	28
Yara	Aborigen, guaraní: diosa de las aguas, la señora de mi casa.	18
Yeray	Canario: grande.	29
Yolanda	Latino: la que trabaja mucho.	27
Yvette	Francés: arco del arquero.	25
Zara	Hebreo: luminosidad.	19
Zelda	Germánico: mujer guerrera.	21
Zenobia	Árabe: orgullo del padre.	36
Zita	Toscano: muchacha alegre.	20
Zoe	Griego: vida.	19
Zoraida	Árabe: mujer cautivante, seductora.	38
Zuleica	Árabe: justa	32
Zulema	Hebreo: amante de la paz.	24

X
Y
Z

Nombre	Origen	Energía
Aarón	Hebreo: iluminado, con ideales elevados.	22
Abel	Hebreo: vanidoso e imbuido de mucho coraje.	11
Abelardo	Hebreo: abeja.	31
Abraham	Hebreo: el padre de la multitud.	26
Adalberto	Germánico: aquel que brilla.	33
Adán	Hebreo: hombre de barro, criado en la tierra.	11
Adelmo	Germánico: noble protector.	23
Ado	Hebreo: aquel que trae alegría.	10
Adolfo	Germánico: lobo noble.	26
Adrián	Latino: de la ciudad de Ádria en Italia. Indica una persona muy activa.	29
Adriano	Latino: masculino de Adriana, variante de Adrián.	35
Agustín	Latino: hombre que merece ser venerado. .	28
Alan	Celta: hombre imponente, dedicado.	10
Alano	Latino: variante de Alan.	16

A

Nombre	Origen	Energía
Albano	Germánico: aquel que pertenece a la Casa de Alba.	18
Alberto	Germánico: persona ilustre y famosa, aquella que brilla por su nobleza.	28
Albino	Latino: de piel muy blanca.	26
Aldo	Celta: aquel que es experimentado, sabio y noble.	14
Alejandro	Griego: persona que protege a los hombres.	35
Alejo	Griego: aquel que nació para proteger y defender.	16
Alexis	Griego: variante de Alejandro.	25
Alfonso	Germánico: noble y de espíritu guerrero.	28
Alfredo	Germánico: hombre consejero, listo para ayudar.	34
Alonso	Germánico: variante de Alfonso. Persona de estirpe noble y espíritu guerrero.	22
Álvaro	Germánico: persona prudente y que da atención a todos.	24
Amadeo	Latino: aquel que ama a Dios.	21

A

Nombre	Origen	Energía
Amador	Latino: persona que ama, pródiga en amar a todos.	25
Amancio	Latino: aquel que ama a Dios.	29
Amaranto	Griego: aquella persona que no se deja derrumbar.	29
Ambrosio	Griego: eterno e inmortal.	38
Américo	Germánico: aquel que gobierna la patria. Príncipe activo y trabajador.	37
Amílcar	Púnico: aquel que gobierna la ciudad.	30
Amós	Hebreo: hombre fuerte y resistente.	12
Anacleto	Griego: aquel que fue llamado.	26
Anastasio	Griego: aquel que fue resucitado.	27
Ander	Vasco/escandinavo: hombre fuerte y viril.	24
Andrés	Griego: hombre ilustre, dotado de mucha virilidad.	25
Ángel	Griego: el mensajero de Dios. Variante de Ángela.	21
Aníbal	Púnico: aquel que posee la gracia de Dios.	21
Aniceto	Griego: aquel que es invencible.	31

A

Nombre	Origen	Energía
Anselmo	Germánico: aquel que está protegido por Dios.	25
Antolín	Griego: variante de Antonio.	31
Antonio	Griego: aquel que es bello como una flor.	34
Apolo	Griego: aquel que da vida. Dios griego.	23
Apolonio	Latino: dedicado al dios Apolo.	43
Aquiles	Griego: aquel que consuela en los momentos de dolor.	30
Arcadio	Griego: viene de la región de Arcadia, en Grecia, que se decía que era la tierra de la felicidad.	33
Archibaldo	Germánico: aquel que es osado.	46
Ariel	Hebreo: el león de Dios.	27
Arístides	Griego: el mejor de todos.	41
Armando	Germánico: hombre del ejército.	30
Arnaldo	Germánico: aquel que protege.	29
Arnoldo	Germánico: variante de Arnaldo.	34
Arnulfo	Germánico: hombre fuerte.	33

A

Nombre	Origen	Energía
Arsenio	Germánico: hombre vigoroso.	36
Arturo	Celta: el guardián de la estrella de Arturo.	30
Atahualpa	Quechua: el ave de la fortuna, suerte.	27
Atanasio	Griego: inmortal.	26
Atilano	Latino: variante de Atilio.	27
Atilio	Latino: favorito del abuelo.	30
Augusto	Latino: aquel que merece ser famoso.	23
Aureliano	Latino: variante de Aurelio.	42
Aurelio	Latino: hombre que vale oro.	36
Áureo	Latino: aquel que vale oro.	24
Axel	Hebreo: el señor de la paz.	15
Balbino	Latino: aquel que habla tartamudeando.	28
Baldomero	Germánico: luchador famoso.	40
Baldovín	Germánico: el gran amigo.	34
Balduino	Germánico: variante de Baldovín.	33
Baltasar	Asirio: aquel que está protegido por Dios.	20

A
B

Nombre	Origen	Energía
Baptista	Griego: aquel que bautiza.	25
Bartolomé	Hebreo: el hijo del que tiene el poder de las aguas.	38
Basil	Inglés: el soberano. De Basileo.	16
Basileo	Griego: el soberano.	27
Basilio	Griego: el soberano, el rey.	31
Baudilio	Germánico: hombre valiente.	37
Bautista	Griego: aquel que bautiza. Variante de Baptista.	21
Belén	Hebreo: casa del pan.	20
Beltrán	Germánico: aquel que tiene un escudo resplandeciente.	27
Benigno	Latino: aquel que es bondadoso.	39
Benito	Latino: aquel que es famoso.	29
Benjamín	Hebreo: hijo predilecto.	32
Bernabé	Hebreo: hijo de la profecía.	29
Bernardino	Germánico: variante de Bernardo.	55
Bernardo	Germánico: aquel que es fuerte y osado.	41

B

Nombre	Origen	Energía
Bertín	Germánico: ilustre, brillante.	32
Blas	Griego: aquel que balbucea, habla con dificultad.	7
Bonifacio	Latino: hombre de bien, que ayuda a todos.	47
Boris	Eslavo: luchador, combatiente.	27
Borja	Latino: proveniente de Borgia.	19
Brandon	Inglés: espada veloz.	32
Braulio	Germánico: aquel que brilla.	33
Bricio	Celta: simboliza la fuerza.	38
Bruno	Latino: aquel que es moreno.	25
Caín	Hebreo: aquel que hace su propia lanza.	18
Caleb	Hebreo: hombre impetuoso.	14
Calixto	Griego: el mejor, el más bello de todos.	30
Camilo	Griego: aquel que está presente en Dios.	26
Canaan	Hebreo: aquel que es humilde.	16
Cándido	Latino: puro.	32

B
C

Nombre	Origen	Energía
Carim	Árabe: hombre generoso.	26
Carlo	Germánico: variante de Carlos.	22
Carlos	Germánico: hombre fuerte, viril.	23
Carmelo	Hebreo: aquel que es dócil, delicado como una espiga.	31
Casildo	Árabe: el joven que carga la lanza.	27
Casimiro	Eslavo: el hombre que predica la paz.	42
Cayetano	Latino: persona alegre.	30
Ceferino	Griego: aquel que acaricia como el viento.	48
Celso	Latino: celestial.	18
César	Latino: aquel que fue separado del vientre de la madre.	19
Cesáreo	Latino: aquel que sigue a César.	30
Christian	Latino: aquel que sigue a Cristo.	47
Cid	Árabe: el Señor.	16
Cipriano	Griego: aquel consagrado a Venus.	49
Cirilo	Griego: variante de Ciro.	39
Ciro	Griego: el gran Señor	27

C

Nombre	Origen	Energía
Claudio	Latino: aquel que pertenecía a la familia romana de los Claudios.	29
Clemente	Latino: aquel que es moderado.	32
Conrado	Germánico: consejero.	34
Constancio	Latino: aquel que no desiste, perseverante.	41
Constantino	Latino: variante de Constancio.	45
Cornelio	Latino: aquel que toca la corneta en la batalla.	46
Cosme	Griego: el venerado por todos.	19
Crisanto	Griego: flor amarillenta.	36
Crisóstomo	Griego: boca dorada.	47
Cristián	Latino: el que sigue a Cristo.	39
Cristóbal	Griego: él que lleva a Cristo consigo.	36
Christopher	Griego: variante inglesa de Cristóbal.	59
Cruz	Latino: aquel o aquella que habla de la crucifixión de Cristo. Por lo general se acompaña de otro nombre para indicar el sexo.	23
Cuauhtémoc	Azteca: águila que cae.	38

C

Nombre	Origen	Energía
Dacio	Latino: aquel que es de la región de Dacia.	23
Dagoberto	Germánico: aquel que brilla como el sol.	42
Damián	Griego: hombre que vino del pueblo.	24
Daniel	Hebreo: Dios es mi juez.	27
Dante	Latino: hombre leal y confiable. aquel que tiene buen carácter.	17
Darío	Persa: aquel que protege contra el mal.	29
David	Hebreo: amado por Dios.	22
Delmiro	Germánico: noble, ilustre.	40
Demetrio	Griego: viene de Deméter, la diosa de la tierra.	44
Demian	Griego: aquel que vino del pueblo.	28
Denis	Griego: variante francesa de Dionisio. Es aquel que se consagra a Dios en los momentos difíciles.	24
Diego	Griego: aquel que es sabio.	31
Dimas	Griego: amigo leal.	19
Dino	Hebreo: la justicia.	24

D

Nombre	Origen	Energía
Diógenes	Griego: aquel que vino al mundo por obra de Dios.	42
Dionisio	Griego: aquel que se consagra a Dios en los momentos más difíciles.	49
Domingo	Latino: aquel que es del Señor.	41
Dominico	Latino: variante de Domingo.	46
Donato	Latino: aquel que tiene el don divino.	24
Douglas	Celta: azul oscuro.	25
Edgar	Germánico: defiende la tierra con la espada.	26
Edgardo	Germánico: variante de Edgar.	36
Edison	Inglés: hijo de guerrero.	30
Edmundo	Germánico: hombre que protege sus tierras.	31
Eduardo	Germánico: el guardián de sus riquezas.	32
Efraín	Hebreo: aquel que da frutos.	35
Efrén	Hebreo: variante de Efraín.	30
Egidio	Griego: aquel que transporta el escudo durante la batalla.	40
Eleazar	Hebreo: Dios es mi protector.	32

D
E

Nombre	Origen	Energía
Elia	Hebreo: pertenece a Dios.	18
Elías	Hebreo: Jehová es mi Dios.	19
Eliseo	Hebreo: mi salud está protegida por Dios.	29
Eloy	Latino: el escogido por Dios.	21
Emanuel	Hebreo: Dios está entre nosotros.	26
Emilio	Latino: el trabajador valiente y obstinado.	36
Enrique	Germánico: el jefe de la casa.	44
Enzo	Latino: de Vicenzo, el victorioso.	24
Erasmo	Griego: aquel que es amable con todos.	26
Éric	Germánico: variante de Erico.	26
Érico	Germánico: el príncipe que es venerado por todos.	32
Ernesto	Germánico: hombre rígido y decidido.	33
Esteban	Griego: aquel que está coronado de glorias y conquistas.	21
Euclides	Griego: glorioso, ilustre.	33
Eudoxio	Griego: sabio.	39

E

Nombre	Origen	Energía
Eufemio	Griego: aquel que goza de buena fama.	38
Eufrasio	Griego: alegre y festivo.	40
Eugenio	Griego: aquel que es noble desde el nacimiento.	40
Eulalio	Griego: hombre que habla con elocuencia.	30
Eustaquio	Griego: aquel que tiene almacenadas muchas espigas de trigo.	38
Evaristo	Griego: excelente.	37
Everardo	Germánico: fuerte como un jabalí.	43
Ezequías	Hebreo: dotado de fuerza divina.	40
Ezequiel	Hebreo: Dios es mi fuerza.	46
Fabián	Latino: variante de Fabio.	24
Fabio	Latino: aquel que cultiva habas.	24
Falcón	Latino: tiene una visión aguda, avista de lejos.	24
Faustino	Latino: variante de Fausto.	33
Fausto	Latino: persona afortunada, exitosa.	19
Federico	Germánico: el jefe apaciguador.	47

E
F

Nombre	Origen	Energía
Fedor	Eslavo: viene de Teodoro, aquel que da a Dios.	30
Felipe	Griego: el amigo de los caballos.	35
Félix	Latino: afortunado.	29
Ferdinando	Germánico: variante de Fernando.	54
Fermín	Latino: aquel que es firme.	38
Fernando	Germánico: el guerrero valiente.	41
Fidel	Latino: aquel que es digno de confianza.	27
Filiberto	Germánico: resplandeciente.	51
Filomeno	Griego: amable.	44
Flavio	Latino: miembro de la tradicional familia de los Flavios, de la Roma antigua.	29
Florencio	Latino: bello como las flores.	52
Florián	Latino: el que da flores, frutos.	39
Francisco	Germánico: aquel que lleva la lanza.	43
Franco	Germánico: que forma parte de la tribu de los francos.	30
Franklin	Inglés: variante de Franco.	40

F

Nombre	Origen	Energía
Froilán	Germánico: amigo, compañero.	39
Fulvio	Latino: aquel que tiene el cabello rubio.	31
Gabriel	Hebreo: hombre dotado del poder de Dios.	36
Galeno	Griego: vida tranquila, sin turbulencias.	27
Gaspar	Persa: aquel que guarda el tesoro.	26
Gastón	Germánico: el extranjero.	22
Gedeón	Hebreo: aquel que destruyó a sus enemigos.	32
Geraldo	Germánico: aquel que obtuvo nobleza en la batalla.	35
Gerardo	Germánico: variante de Geraldo.	41
Germán	Germánico: hombre guerrero.	31
Gerónimo	Griego: aquel que tiene nombre sagrado.	51
Gian	Latino/italiano: agraciado por Dios.	22
Gianluca	Latino/italiano: combinación de Gian y Luca.	32
Gil	Latino: piel de cabra.	19

F
G

Nombre	Origen	Energía
Gilberto	Germánico: aquel que brilla con su espada en el campo de batalla.	43
Godofredo	Germánico: que goza de la paz del Señor.	53
Gonzalo	Germánico: aquel que salió a salvo del campo de batalla.	36
Gregorio	Latino: aquel que vela por su congregación.	58
Gualterio	Germánico: aquel que comanda el ejército.	45
Guido	Germánico: el hombre del bosque.	29
Guillermo	Germánico: protector.	49
Gustavo	Germánico: aquel que ocupa el lugar del rey.	24
Hans	Germánico: bendecido por la gracia de Dios.	15
Haroldo	Germánico: aquel que conquista un territorio con su ejército.	37
Harry	Germánico: el comandante que conquista un territorio con su ejército.	34
Héctor	Griego: aquel que defiende con bravura.	33

G
H

Nombre	Origen	Energía
Henry	Inglés: variante de Enrique. El jefe de la casa.	34
Heriberto	Germánico: tiene la gloria de su ejército.	55
Herman	Germánico: el guerrero.	32
Hermelindo	Germánico: el consagrado a Dios.	58
Herminio	Germánico: el consagrado a Dios.	55
Hernán	Germánico: el guerrero valiente.	33
Higinio	Griego: saludable.	53
Hilario	Latino: alegre y festivo.	45
Hipólito	Griego: aquel que suelta los caballos y se alista para la batalla.	50
Homero	Griego: el ciego.	38
Honorio	Latino: aquel que es digno de grandes honras.	49
Horacio	Latino: consagrado a las divinidades de los romanos.	42
Hortensio	Latino: el jardinero.	51
Huberto	Germánico: gran inteligencia.	35
Hugo	Germánico: dotado de un espíritu iluminado y gran inteligencia.	24

H

Nombre	Origen	Energía
Humberto	Germánico: brillante.	39
Ildefonso	Germánico: aquel que es hábil para la lucha.	45
Ignacio	Latino: ardiente.	40
Imanol	Vasco: variante de Manuel.	28
Indalecio	Vasco: fuerza.	45
Íñigo	Latino: variante de Ignacio. Ardiente.	31
Isaac	Hebreo: el que reinará.	15
Isaías	Hebreo: mi salud está en Dios.	22
Isauro	Griego: masculino de Isaura.	29
Isidoro	Griego: tiene los dones de Isis, diosa egipcia.	44
Ismael	Hebreo: Dios atendió mis plegarias.	23
Israel	Hebreo: Dios reina.	28
Ítalo	Latino: aquel que vio las tierras que están entre los mares.	21
Iván	Ruso: viene de Juan, aquel que tiene la gracia de Dios.	19
Ivo	Germánico: hombre glorioso.	19

H
I

Nombre	Origen	Energía
Jacinto	Griego: proviene de la flor llamada jacinto.	27
Jacob	Hebreo: aquel que superó a su hermano.	13
Jacobo	Hebreo: variante de Jacob.	19
Jaime	Hebreo: variante de Jacob.	20
Jairo	Hebreo: aquel que fue iluminado.	26
Javier	Vasco: aquel que tiene la casa nueva.	29
Jefferson	Inglés: hijo de Jeffrey.	44
Jenaro	Latino: el consagrado al dios Jano.	27
Jeremías	Hebreo: es la elevación del Señor.	35
Jerónimo	Griego: aquel que tiene el nombre sagrado.	45
Jesús	Hebreo: el salvador.	11
Joaquín	Hebreo: aquel que recibe la fuerza de Dios.	33
Job	Hebreo: el perseguido.	9
Joel	Hebreo: Dios es su Señor.	15
Jonás	Hebreo: sincero.	14
Jonatan	Hebreo: don de Dios.	21

J

Nombre	Origen	Energía
Jonathan	Hebreo: variante de Jonatan.	29
Jorge	Griego: aquel que trabaja la tierra, campesino.	28
José	Hebreo: aquel que es ayudado por Dios.	13
Josué	Hebreo: tiene la salvación del Señor.	16
Juan	Hebreo: tiene la gracia divina.	10
Judá	Hebreo: Dios es glorificado.	9
Julián	Latino: variante de Julio.	22
Julio	Latino: aquel que tiene el cabello crespo.	22
Justiniano	Latino: variante de Justo.	42
Justo	Latino: que decide con justicia.	13
Kevin	Celta: adorable.	25
Lamberto	Germánico: aquel que es célebre.	32
Lauro	Latino: el victorioso, coronado de glorias.	22
Lázaro	Hebreo: ayudado por Dios.	28
Leandro	Hebreo: hombre tranquilo.	33
Leo	Latino: león.	14

Nombre	Origen	Energía
León	Latino: tiene la bravura del león.	19
Leonardo	Latino: león poderoso.	39
Leónidas	Griego: la valentía del león.	34
Leopoldo	Germánico: aquel que defiende a su pueblo.	40
Lorenzo	Latino: el victorioso, coronado de glorias.	42
Luca	Latino: brillante como la luz.	10
Lucas	Latino: variante de Luca.	11
Luciano	Latino: variante de Lucio.	30
Lucio	Latino: nacido a la luz del día.	24
Luis	Germánico: el gran guerrero.	16
Luiz	Germánico: variante de Luis.	23
Magno	Latino: el magnífico, afamado, grande.	23
Malaquías	Hebreo: mensajero de Dios.	31
Malcolm	Hebreo: aquel que es y actúa como un rey. En el origen latino, es una paloma.	24
Malik	Árabe: maestro.	19

L
M

Nombre	Origen	Energía
Manuel	Hebreo: variante de Emanuel. Dios está entre nosotros.	21
Marcelo	Latino: hombre luchador. Trabaja con el martillo.	31
Marcial	Latino: de Marte, dios de la guerra.	30
Marcio	Latino: aquel que fue consagrado al dios Marte.	32
Marcos	Latino: viene de Marte, el dios de la guerra.	24
Mariano	Latino: consagrado a la Virgen María.	35
Mario	Latino: hombre luchador, fuerte.	29
Martín	Latino: guerrero.	30
Mateo	Hebreo: el don del Señor.	18
Matías	Hebreo: don del señor.	18
Mauricio	Latino: moro, de piel oscura.	44
Mauro	Latino: moro, de piel oscura.	23
Maximiliano	Latino: variante de Máximo.	57
Máximo	Latino: uno de los mayores.	30
Melvin	Celta: el jefe.	30

M

Nombre	Origen	Energía
Mercurio	Latino: aquel que cuida de los negocios.	48
Merlin	Francés: aquel que se planta al lado del mar.	35
Michel	Francés: variante de Miguel.	32
Miguel	Hebreo: igual a Dios.	31
Moisés	Hebreo: el que fue salvado de las aguas.	26
Morfeo	Griego: aquel que hace que todos vean las imágenes más bellas.	36
Morgan	Celta: aquel que vino del mar.	32
Muhammed	Árabe: el amado.	33
Mustafá	Árabe: el escogido.	18
Napoleón	Griego: león de la nueva ciudad.	38
Narciso	Griego: bello niño objeto del deseo de diversas ninfas sin corresponderles, hasta caer bajo una maldición de apasionarse por él mismo.	34
Natalio	Latino: recién nacido.	27
Natán	Hebreo: el don de Dios.	14
Naúm	Hebreo: aquel que conforta, alivia.	13

M
N

Nombre	Origen	Energía
Néstor	Griego: aquel que recuerda.	28
Nicolás	Griego: el conquistador.	28
Noé	Hebreo: aquel que descansa. Antes del diluvio fue el encargado de construir una enorme arca.	16
Octaviano	Latino: variante de Octavio.	37
Octavio	Latino: octavo.	31
Oliverio	Latino: el que lleva la rama de olivo.	51
Omar	Árabe: el supremo seguidor.	20
Orlando	Germánico: que viene de un país lleno de glorias.	34
Óscar	Inglés: fuerza divina.	20
Osvaldo	Latino: poder de Dios.	25
Otón	Germánico: montaña.	19
Otoniel	Hebreo: león divino.	36
Pablo	Latino: pequeño, delicado.	19
Pánfilo	Griego: amigo de todos.	37
Paolo	Latino: variante italiana de Paulo.	23
Pascual	Latino: de Pascua.	19

N
O
P

Nombre	Origen	Energía
Pastor	Latino: aquel que cuida el rebaño, las ovejas.	26
Patricio	Hebreo: nombre del pueblo que se convirtió a las enseñanzas de Cristo.	46
Paulino	Latino: diminutivo de Paulo.	34
Paulo	Latino: pequeño, delicado.	20
Pedro	Latino: roca, piedra.	31
Peregrino	Latino: extranjero.	62
Pericles	Griego: glorioso.	42
Philippe	Inglés: variante de Felipe.	55
Pío	Latino: devoto.	22
Plácido	Latino: calmado, sereno.	33
Plinio	Latino: posee varios dones.	39
Policarpo	Griego: aquel que produce muchos frutos.	51
Poncio	Griego: aquel que vino del mar.	36
Porfirio	Asirio: aquel que se vistió de color púrpura, de forma espléndida.	61
Próspero	Latino: exitoso.	50

Nombre	Origen	Energía
Prudencio	Latino: tiene la virtud de ser prudente.	51
Querubín	Hebreo: becerro con alas.	44
Rafael	Hebreo: compañero de Dios. Ocupa un lugar como ángel en el trono del Señor.	25
Raimundo	Germánico: protector poderoso.	41
Ralph	Inglés: consejero voraz.	28
Ramiro	Germánico: guerrero ilustre.	38
Ramón	Germánico: protector sensato.	25
Ramsés	Egipcio: hijo de los dioses.	21
Raúl	Francés: guerrero atrevido.	16
Raymundo	Germánico: la protección divina.	39
Reginaldo	Germánico: rey.	49
Reinaldo	Germánico: rey.	42
Remigio	Latino: el buen remador.	49
Remo	Latino: hermano gemelo de Rómulo.	24
Renán	Catalán: variante de Reginaldo.	25
Renato	Latino: aquel que renació.	28

P
Q
R

Nombre	Origen	Energía
René	Francés: vida, conquista.	24
Renzo	Latino: coronado de glorias.	33
Ricardo	Germánico: poderoso señor.	41
Rigoberto	Germánico: jefe brillante.	55
Roberto	Germánico: aquel que brilla en la gloria y en la fama.	39
Robinson	Inglés: el hijo de Robert.	43
Rocco	Germánico: reposo, descanso.	27
Rodolfo	Germánico: lobo valiente.	40
Rodrigo	Germánico: famoso por la gloria.	50
Rogelio	Germánico: lanza de la fama.	45
Roger	Germánico: guerrero famoso.	36
Rolán	Germánico: goza de la fama de su tierra.	24
Rolando	Germánico: tierras famosas.	34
Román	Latino: de Rumanía.	25
Romeo	Latino: aquel que viene de Roma.	30
Romildo	Germánico: señor de la lanza de plata.	41

R

Nombre	Origen	Energía
Rómulo	Griego: fuerte, viril.	31
Ronaldo	Germánico: el gobernador misterioso.	34
Roque	Persa: el elevado, el alto. Latino: fuerte como una fortaleza.	31
Rosendo	Germánico: montura de caballo.	36
Roy	Francés: real, del rey.	22
Rubén	Hebreo: ¡Dios me dio un hijo!	24
Rudy	Germánico: lobo famoso.	23
Rufino	Latino: pelirrojo.	38
Ruperto	Germánico: variante de Roberto.	41
Salomón	Hebreo: variante de Salomão.	26
Salvador	Latino: significado literal en español.	29
Salvatore	Latino/italiano: salvador.	32
Sam	Hebreo: forma diminutiva de Samuel.	6
Samuel	Hebreo: aquel que fue llamado por el Señor.	17
Sancho	Latino: santo.	24
Sandro	Latino/italiano: masculino de Sandra.	26

R
S

¡Dime cómo te llamas y te diré quién eres!

Nombre	Origen	Energía
Sansón	Hebreo: es como el sol.	19
Santiago	Latino: relativo al santo católico.	32
Santino	Latino: sagrado.	29
Saúl	Hebreo: el llamado, el convocado.	8
Sebastián	Griego: venerable, augusto.	27
Segismundo	Hebreo: el protector venció.	45
Serafín	Hebreo: ángel de fuego.	36
Sergio	Latino: el guardián.	37
Servando	Latino: aquel que observa, custodia.	35
Severino	Latino: severo, austero.	44
Shelton	Inglés: pueblo que se asienta en el margen.	30
Sigfrido	Germánico: conquistador de la paz.	51
Silván	Latino: del bosque.	23
Silvano	Latino: que vive en la floresta.	29
Silvestre	Latino: descendiente del campo.	39
Silvino	Latino: del bosque.	37
Silvio	Latino: del bosque.	32

S

Nombre	Origen	Energía
Simeón	Hebreo: aquel que obedece.	30
Simón	Hebreo: aquel que escucha.	25
Siro	Persa: sol.	25
Sixto	Griego: adulador.	24
Sócrates	Griego: aquel que tiene autocontrol en los actos y en las palabras.	28
Solano	Latino: rayo de sol.	22
Tadeo	Hebreo: oración de gracias.	18
Tamar	Hebreo: planta del dátil. Nombre de una ciudad al sur de Caná.	17
Teobaldo	Hebreo: inocente labrador.	29
Teodorico	Germánico: señor del pueblo.	50
Teodoro	Griego: tiene el don de Dios.	38
Teodosio	Griego: aquel que se consagra a Dios.	39
Teófilo	Hebreo: el que Dios ama.	37
Thomas	Inglés: gemelo.	22
Tiago	Hebreo: el que suplantó.	25
Timoteo	Griego: el que honra a Dios.	34

S
T

Nombre	Origen	Energía
Tirso	Hebreo: delicioso.	27
Tito	Hebreo: cree en Dios.	19
Tobías	Hebreo: el Señor es bueno.	21
Tomás	Arameo: gemelo.	14
Tristán	Latino: aquel que lleva la tristeza consigo.	29
Tulio	Latino: nació para ser honrado.	23
Ubaldo	Germánico: osado, atrevido.	19
Ulises	Griego: colérico.	22
Ulrico	Germánico: el noble Señor.	33
Umberto	Latino/italiano: variante de Humberto.	31
Urbano	Hebreo: forma parte de la civilización.	26
Urías	Hebreo: arcángel de la luz.	23
Uriel	Hebreo: variante de Urías.	29
Valdemar	Germánico: gobernante.	31
Valentín	Latino: fuerte, vigoroso.	34
Velasco	Germánico: cuervo.	23

T
U
V

Nombre	Origen	Energía
Ventura	Latino: aquel que tiene buena suerte.	29
Vicente	Latino: aquel que siempre vence.	33
Víctor	Latino: vencedor.	33
Victoriano	Latino: vencedor.	54
Vinicio	Latino: aquel que está naciendo.	45
Virgilio	Latino: frescor, verdor.	56
Vladimir	Ruso: regente.	43
Wagner	Germánico: fabricante de carruajes.	32
Walter	Germánico: aquel que comanda un batallón.	25
Washington	Inglés: que vino de la región de Wassins.	49
Wenceslao	Eslavo: el más glorioso.	34
Wilfredo	Germánico: pacificador decidido.	47
William	Germánico: protector absoluto.	34
Wilson	Inglés: hijo de Will.	29
Yago	Canario: variación de Jacó.	21
Yanni	Hebreo: presente de Dios.	27

V
W
Y

¡Dime cómo te llamas y te diré quién eres!

Nombre	Origen	Energía
Yuri	Ruso: corresponde a Jorge.	28
Yves	Escandinavo: el arquero.	16
Zacarías	Hebreo: el Señor se acordó.	33
Zenón	Latino: aquel que fue engendrado por Zeus.	29
Zeus	Griego: padre de los dioses y de los hombres.	17

Y
Z

3 El nombre completo: aprender a lidiar con el Destino

Dijimos que el Nombre de Vida (el primero) indica la forma en la que las personas reaccionan a su destino y lo modifican. Y, a fin de cuentas, ¿qué es el Destino? ¿Cómo lo conocemos?

El nombre completo, que es el Nombre de Vida más los apellidos, o sea, el nombre escrito en el registro del nacimiento, indica lo que reserva el Universo para esa persona. Lo llamaremos Nombre de Destino.

El nombre no se escoge por casualidad: está determinado por una fuerza divina. El nombre es un sistema de símbolos que, al ser decodificado, cuenta la historia de una vida. El Nombre de Destino indica las experiencias que usted o su hijo vivirán, o sea, qué oportunidades encontrarán con el paso de los años. Es el hilo conductor de la vida, el que marca, entre otros, el tipo de carrera profesional que se seleccionará. El Nombre de Destino también revela los tipos de personas y ambientes que aparecerán durante su trayectoria. En el análisis final, el Nombre de Destino indica lo que la vida exigirá de cada uno. Estar consciente y comprender el destino, es tener la certeza de una mayor satisfacción y una plena realización. Explorar el significado del nombre es tener una herramienta importante de crecimiento y maduración. El destino no se altera con el paso de los años. El tipo de experiencia también se repite. Lo que cambia de manera constante es la forma en la que se vive el Destino.

Por consiguiente, para conocer la trayectoria de vida de alguien, basta saber la energía del nombre que recibió esa persona al ser registrado su nacimiento.

En el caso de un niño adoptado que después reciba un nombre diferente del de su primer registro, el que se debe considerar es el nombre inicial (para saber la influencia de la energía del nombre otorgado más adelante, consulte el libro *Descubre el poder de tu nombre*.

La energía contenida en el nombre de nacimiento proviene de la suma de todas sus letras. Ésa es la energía que determina el destino. Para ejemplificar cómo se hace esa suma, volvamos al nombre de nacimiento de la actriz Angelina Jolie. Su número entero, su Nombre de Destino, es Angelina Jolie Voight. Repetimos abajo el cuadro de conversión de letras en números, para facilitar su cálculo.

1	2	3	4	5	6	7	8	9
A	B	C	D	E	F	G	H	I
J	K	L	M	N/Ñ	O	P	Q	R
S	T	U	V	W	X	Y	Z	

Esta vez, considere también los apellidos; descomponga la suma hasta el último dígito (excepto si fuera el Número-Maestro 11).

A	N	G	E	L	I	N	A	J	O	L	I	E	V	O	I	G	H	T
1	5	7	5	3	9	5	1	1	6	3	9	5	4	6	9	7	8	2

36 **24** **36**

(1 + 5 + 7 + 5 + 3 + 9 + 5 + 1) + (1 + 6 + 3 + 9 + 5) + (4 + 6 + 9 + 7 + 8 + 2) = 36 + 24 + 36 = 96 > 9 + 6 = 15 > 1 + 5 = 6

El Nombre de Destino de Angelina Jolie Voight tiene una energía 6. Esa energía indica el camino de Angelina Jolie. El número 6 está relacionado con la manifestación del arte y con la responsabilidad social. En la trayectoria 6, la persona debe estar disponible para ser responsable de los demás. Es un camino de amor. Sabemos que la actriz dirige sus esfuerzos a traer alivio a la vida de muchos niños. Ésa, por tanto, es la forma en la que su Destino 6 dirige su vida.

Entonces, ya sabemos que el Nombre de Vida de Angelina, el 36, indica que es una persona a la que le gusta el contacto con los demás, es fuente de inspiración y quiere ayudar. Esas características de personalidad van al encuentro de la energía de su Destino, relatada arriba, una vibración 6, de arte, amor y responsabilidad social.

Enseguida, presentamos las actitudes, las habilidades, las dificultades y todo el potencial generado por los Números de Destino del 1 al 9, así como del Número-Maestro 11. Nos enfocamos con mayor énfasis en los primeros años de vida. Eso ayudará a los padres a lidiar mejor con sus hijos. Al mismo tiempo, permitirá que se entienda la trayectoria de una persona que hoy está en fase adulta, dándole un poco de luz para la comprensión de la vida.

¡Saliendo adelante!
Personas con Nombre de Destino 1

Las oportunidades que surgen durante la vida de una persona de Destino 1, desde la infancia, exigirán que tome la iniciativa, cree ideas innovadoras y asuma el liderazgo.

El niño de Destino 1 podrá pasar por dos tipos de experiencias desde su nacimiento: vivir en un ambiente en el que esté sobreprotegido, con poco espacio y estímulos para alcanzar su individualidad; o, por el contrario, muy pronto en su vida tener las responsabilidades de un adulto, al asumir el control de la casa o de la familia. De cualquier manera, a medida que crece, se verá comprometido de manera natural en situaciones en las que tendrá que probar su vigor, su individualidad y su coraje e independencia, como en los juegos y diversiones, en la escuela, en el club o en el lugar en el que vive.

A medida que crece, cada vez se acentuará más, por las propias exigencias del Destino, la necesidad de afirmarse como independiente. Tendrá que ponerse al frente, establecer las reglas, definir los límites y las responsabilidades de cada uno. Si desea lidiar bien con ese Destino, debe tener el coraje suficiente para poner sus ideas originales en práctica, con gran determinación y fuerza de voluntad; así corre el riesgo de que no salgan bien y de tener que comenzar todo de nuevo.

En el Destino 1, el niño puede enfrentar dificultades para trabajar en equipo y preferir mandar siempre, desde el momento en el que confíe en sus habilidades. ¡Y que nadie ose contrariarlo! Si eso sucede, se enojará mucho... En esa fase, sin cercenar esa virtud de mando y la creatividad del niño, los padres deben intentar enseñarlo a valorar la opinión de sus compañeros, demostrando que ellos lo ayudan a que su idea sea aún mejor.

Si esa persona de Destino 1 lidia de forma positiva con todos los desafíos que encuentre durante su vida, desde la infancia hasta llegar a la fase adulta, estará siempre a la vanguardia, buscando lo inédito, aquello que nadie había pensado. Tendrá que aprovechar ese potencial de liderazgo sin adoptar actitudes autoritarias. La persona 1 podrá tener éxito como empresario, profesional autónomo o en cualquier otra actividad en la que asuma el control y pueda aplicar sus ideas originales. ¡Y en la que será, en definitiva, el Número 1!

Los padres de un niño de Destino 1 deben proporcionarle un ambiente en el que se sienta seguro para que pueda desarrollar confianza en sí mismo. Deben incentivarlo para que actúe con voluntad propia, sea independiente, adopte actitudes y exprese su opinión. También deben estimularlo a terminar todo lo que comienza, a valorar el proceso y el resultado final. La persona con Destino 1 tiende a actuar de manera rápida, pues es ansiosa. Es interesante que se interese por actividades no tan competitivas, que más bien le proporcionen calma y disminuyan su ansiedad. Así, aprenderá a pensar antes de actuar, evitando comportamientos precipitados.

Es importante que los padres incentiven al niño a tener puntos de referencia en su vida. Con eso podrá comparar y evaluar correctamente, además de eliminar la idea de que él es el centro de todo y que sólo sus necesidades personales son importantes.

Paz y amor
Personas con Número de Destino 2

Para una persona con Destino 2, surgirán durante su vida todas las situaciones, oportunidades y desafíos para que desarrolle el espíritu de conciliación y la diplomacia.

En el niño con Destino 2 podrá pasar por experiencias en
las que su mayor desafío será relacionarse con la gente. Es pro-
bable que nazca y crezca en un ambiente de falta de armonía,
en el que los padres vivan compitiendo entre ellos, generando
desorden y falta de definición acerca del lugar de ese niño en
la familia.

El niño se ve ante el desafío de dosificar su atención hacia los otros, preocuparse por no decepcionar a nadie y tener
como misión la de llevar paz y armonía al ambiente familiar
y a las amistades. Los padres deben incentivarlo a desarrollar
su discernimiento, al aliviar el sentimiento de responsabilidad
en cuanto a mantener el equilibrio de las relaciones. Tal vez el
niño solicite una intensa atención de sus padres y, a su vez,
sienta una necesidad constante de mostrar en qué medida está
disponible, cuán bien se porta y que no merece que lo repren-
dan. Necesita recibir elogios constantes para sentirse bien.

Durante su infancia tendrá frente a sí un destino mar-
cado por desafíos y conflictos que lo invitarán a interceder.
Tanto en las peleas con sus amigos como en su casa, muy
pronto aprenderá a lograr tolerancia en las relaciones donde
hay fricciones. Podrá encontrar soluciones a los "callejones sin
salida", desde una simple discusión en un juego, si fue punto
o no, hasta en una pelea entre dos compañeros(as) de escuela
por la misma novia o novio.

Los padres deben hacerle comprender que no es responsable de que las vidas de los demás marchen bien. Deben

estimularlo a adoptar actitudes basadas en sus propias necesidades y así, garantizar su individualidad y su placer personal, desvinculado de cualquier manifestación ajena.

Si esa persona de Destino 2 lidia de forma positiva con todos los desafíos que encuentre a lo largo de su vida, desde la infancia hasta llegar a la fase adulta, tendrá muchas oportunidades para ejercer su inigualable capacidad de mediación. Y, así como ayudará a los demás, también le resultará más fácil lidiar en el ambiente de trabajo y en las relaciones amorosas, pues, además de todo, valorará las sociedades y la cooperación.

La persona de Destino 2 siempre buscará la paz, tanto con los demás, como entre los demás. Su agudo tacto ayudará a quienes tienen esa vibración a lograr éxito en empleos y profesiones que exijan negociaciones, en especial en lo tocante a la imagen: relaciones públicas, asesoría de prensa, carrera diplomática y docencia. También podría ser un hábil y competente *ombudsman*, o el portavoz de los lectores en un órgano de comunicación.

Por otro lado, esa persona deberá cuidarse para no contaminarse con escrúpulos y momentos de pesimismo. Dos significa vida a dúo, la suma de uno con otro. Sin embargo, esa persona debe tener cuidado de no hacerse demasiado dependiente de otros ni, con la intención de pacificar, anularse, haciendo la voluntad de quienes le rodean.

¡Luz, cámaras,... imaginación!
Personas con Número de Destino 3

Para una persona con Destino 3, las oportunidades que ofrece la vida le posibilitarán desarrollar su creatividad y expresividad.

Durante su infancia, el niño con Destino 3 podrá vivir en un ambiente en el que sea el centro de atención, protegido de todos los problemas. Por tanto, es posible que en su mundo haya una gran dosis de fantasía y esté colmado de ideas bellas, pero distantes de la realidad. Ese comportamiento hace que tarde en madurar y en crecer con sentido de responsabilidad. Podría enfrentar la vida de una forma superficial.

Los padres de un niño con Destino 3 deben estar atentos para motivarlo a comprometerse de manera práctica, seria y responsable con sus oportunidades y su realidad. También habrán de desarrollar en ese niño actitudes maduras y un espíritu crítico, mediante conversaciones profundas. Es necesario explicarle el porqué de los asuntos más importantes. Así, lo prepararán para que no sea ingenuo. Debe aprender a enfrentar problemas y responsabilidades en vez de alejarse para evitar enfrentamientos. También necesita ser estimulado a lograr la independencia emocional, con el fin de que no confíe ciegamente en los demás. Los padres deben incentivar al niño a que se comprometa de manera responsable con la gente y con las actividades, para que valore la finalización del proceso, el placer de llegar a algún lugar; así evitará la dispersión. En suma, deben enseñarlo a hacer elecciones y a establecer prioridades. Los padres de un niño con Destino 3 deben estimular en él la disciplina y una rutina de vida para que aprenda a organizar su energía. Al mismo tiempo, es fundamental que propicien las condiciones para que socialice y le brinden oportunidades para conocer muchos amigos y, con ello, desarrollar su potencial de comunicación. Al niño de Destino 3 le gusta hacerse notar y necesita que lo estimulen. Actividades de expresión, música, danza y computación harán que afloren sus talentos.

Durante su infancia, vivirá muchas situaciones en las que se le invitará a tomar parte y a exteriorizar su capacidad de comunicación, su simpatía y su alegría contagiosa. Es un niño que se acostumbra a las novedades, es curioso, adora participar y aportar ideas para fiestas, juegos y diversiones. Sin embargo, es necesario estar atento, pues podría usar su imaginación de forma inadecuada, al inventar historias y fantasear hechos.

Si esa persona de Destino 3 lidia de forma positiva con todos los desafíos que encuentre durante su vida, hará amistades con facilidad en la escuela y en la universidad; además, en la fase adulta gozará de un amplio círculo de relaciones en todos los planos. Será el resorte propulsor de encuentros y actividades en la familia, la comunidad y el trabajo. Será el más animado en la fiesta de cincuenta años de su padre o su madre, iniciará la tradición del Amigo Secreto en Navidad, organizará la graduación, la "enorme" recepción al amigo o al hermano que fue a estudiar al extranjero; en fin, la vida tendrá un eterno clima de fiesta. La persona con Nombre de Destino 3 también estimulará la imaginación de las personas. Y hasta en los momentos críticos llegará para animar con su indestructible optimismo y su alma de Pollyana[1]: como si fuera o tuviera un hada madrina y todo pudiera resolverse como por arte de magia...

Esas personas podrán ser profesionales brillantes en áreas que requieran creatividad y capacidad de comunicación, tales como radio, televisión, redacción, fotografía, propaganda, mercadotecnia y ventas.

---

[1] De la novela infantil-juvenil *Pollyanna*, de Eleanor H. Porter. (N. de la T.)

Al pan, pan y al vino, vino
Las personas con Número de Destino 4

Las oportunidades que surjan durante la vida de una persona de Destino 4, desde su infancia, le exigirán que transforme sus ideas en productos útiles y concretos y, por ende, que organice su vida con eficiencia.

El niño con Destino 4 podrá nacer y crecer en un ambiente rígido, que valore las tradiciones. Lo más importante en ese ambiente austero es mantener la seguridad y las necesidades básicas: estudio, una casa y una familia. Por eso, si no se satisfacen como es debido muchas de las necesidades personales del niño relacionadas con el afecto, crecerá negando su vulnerabilidad, su fragilidad y su sensibilidad. Y seguirá exigiendo mucho de sí mismo, que su vida sea perfecta, siempre de acuerdo con principios preestablecidos. Será una persona muy seria y rígida consigo misma y con los demás. Hará lo que se espera de él, se sentirá presionado y juzgará todo con extrema rigidez, bajo la óptica de blanco o negro, sin contar con posibles variaciones o matices. Y se desestructurará cuando tenga que pasar por una experiencia nueva o inesperada. Por eso prefiere repetir patrones y ser intolerante con lo nuevo. Por consiguiente, no sabe lidiar con los errores y no los admite. Puede ser también que ese niño crezca en un ambiente en el que se sienta responsable de mantener la estabilidad y la estructura familiares, siempre listo para ayudar, para tener obligaciones y resolver problemas. En ese caso, el niño se siente incapaz de corresponder a las exigencias de su estructura familiar y acaba por frustrarse y aislarse.

Ese niño con Destino 4 necesita un ambiente estable y estructurado para sentirse seguro, pero sus padres también deben estimular en él la experiencia, los intentos, el riesgo y el valor. Deben valorar la flexibilidad para que el niño pueda expresar ideas diferentes, aceptando la realidad de la vida, tan rica en estímulos.

Para el niño con Destino 4, la lógica y la razón acaban por tener más valor que la intimidad y lo emocional. Por eso, es muy importante que reciba constantes manifestaciones de afecto.

Sus juegos predilectos son los juegos de armar. Desde muy pequeño interactuará con el ambiente de una forma más metódica. Muy responsable y disciplinado, tendrá más facilidad con los estudios y no causará problemas a sus padres para hacer la tarea.

Como el Destino 4 exige eficiencia, todo necesitará una explicación lógica y convincente. ¡Pero, cuidado! Se pondrá furioso si no se le cumple alguna promesa. En los juegos y diversiones será quien podrá organizar las reglas con eficacia. Le gusta ayudar a los adultos y mostrar que es capaz y necesario. Prefiere participar en juegos que cuenten con reglas y estén estructurados con claridad.

Tiene paciencia para armar un rompecabezas; desea ver el producto de sus actividades concretado en un diseño o montaje, o poder tocar un instrumento, siguiendo pautas e instrucciones. Si se le pide su opinión sobre algún conflicto, reaccionará con un sentido de justicia incomparable. Siempre tendrá sus pertenencias, ropa, juguetes y materiales, bien ordenados. En el trabajo, su mesa siempre estará impecable, sin papeles desperdigados. Todo estará debidamente archivado y podrá localizarse con rapidez.

Si esa persona de Destino 4 lidia de forma positiva con todos los desafíos que encuentre durante su vida, desde la infancia hasta llegar a la fase adulta, será capaz de crear situaciones duraderas y seguras. También podrá organizar y sistematizar su ambiente. Siempre dispuesto a colaborar con el equipo y la empresa, en el futuro será un profesional responsable, estimado dentro de la organización. Su determinación y perseverancia serán factores primordiales en su camino. Será un puerto seguro para personas y situaciones que dependen de fuerza y estabilidad.

Debe estar atento a la rigidez y a la intransigencia, intentando tener un poco más de flexibilidad para escuchar la opinión de los demás. Sus padres deben estimular su receptividad a ideas diferentes.

Muestra potencial para ser un buen ingeniero, arquitecto, profesor, escritor, técnico y cualquier profesión que exija concentración, organización, método y disciplina. Por tanto, necesita tener cuidado con el apego excesivo a los detalles, pues eso provoca lentitud y no lleva a parte alguna.

Libre para volar...
Personas con Número de Destino 5

Las oportunidades y situaciones que la vida le ofrece a una persona con Destino 5 constituyen una interminable pasarela de novedades y experiencias y le exigirán que tenga gran flexibilidad para aprovechar los cambios y, así, promover el progreso.

El universo siempre lo instigará a buscar nuevas oportunidades, a hacer nuevas amistades y a iniciar nuevos negocios.

Un niño con Destino 5 vive desde pequeño en un ambiente que se altera constantemente, con desestructuraciones importantes, tal vez debido a mudanzas a otra ciudad por el trabajo de los padres, a situaciones que suceden de forma repentina o incluso la falta de rutina en su ambiente familiar. Por eso, puede crecer con dificultad para encontrar un rumbo y con la sensación de que su vida podría cambiar de un momento a otro. Por consiguiente, se vuelve inseguro, le faltan puntos de referencia estables.

Enfrentar la vida llega a serle confuso. De ahí que los padres de un niño con Destino 5 deben intentar mantener algún tipo de estabilidad que le dé seguridad. Quizás el niño tenga dificultad para adaptarse a la escuela, el club, la familia y las reglas del ambiente.

Sus padres deberán mostrarle que las experiencias pasadas son importantes, ya que le sirven de ejemplo y fundamento para sus actitudes futuras.

En caso contrario, éstas serán vistas sólo como un acontecimiento en la vida atribulada de un Destino 5. Ese niño tiene que trabajar en su capacidad de adaptación, dado que deberá adaptarse de manera incesante, a medida que vayan ocurriendo los cambios.

Es necesario que los padres incentiven al niño a que aprenda a analizar y llegar a conclusiones, a que valore el resultado de una acción obtenido con paciencia y perseverancia y, por último, a que también acepte ciertas convenciones necesarias en la vida en sociedad. La familia debe orientarlo para que, aunque el camino sea de aventuras y cambios constantes, se estimule en él una actitud responsable y aprenda a profundizar las relaciones para que le proporcionen más satisfacción.

Desde los primeros años de vida, estará abierto a experimentar y aprender. No soportará nada que le coarte la libertad. Constantemente en acción, es difícil mantenerlo bajo control, pues su atención pasa con rapidez de un estímulo a otro. Su salón de clases ideal es un campo abierto. Siempre estará listo para pasear y viajar. Excursiones escolares, campamentos, visitas y más visitas. Adora explorar todo lo desconocido. Además, a lo único que teme es a la rutina.

En definitiva, sólo quiere sentirse libre. Lo importante es llegar a algún lugar que tenga colores nuevos, gente nueva. Su mayor desafío reside justo en dar continuidad a por lo menos algunas de las actividades que comience. Y ésa será su gran lucha durante toda la vida. La indecisión y la impaciencia se convertirán en sus grandes enemigos.

Si esa persona de Destino 5 lidia de forma positiva con todos los desafíos que encuentre durante su vida, desde la infancia hasta la edad adulta, su sensibilidad se estimulará y se dirigirá hacia el campo de la creatividad. La persona con Destino 5 tiene una gran capacidad de renovación y de inventar nuevos métodos.

Fértil en ideas y emanando entusiasmo, es posible que canalice esa energía hacia profesiones de contacto con el público, como promotor de eventos, vendedor, publicista, ora-

dor, relaciones públicas, piloto, actor y agente de bolsa de valores. Son muchos los intereses de esa persona en varias áreas,
así como la diversidad de ideas. La persona de Destino 5 no
siempre opta por la educación formal, pues le parecen más
importantes los sistemas que valoren la curiosidad, los expe-
rimentos, la acción y la interacción. Prefiere vivir sus propias
experiencias y aprender sola que a partir de las experiencias
de los demás. Además, no le faltarán ni habilidad para salir de
situaciones difíciles, ni versatilidad para superar cualquier
problema. Tiene la capacidad de transformarlos en buenas
oportunidades de crecimiento para sí misma y para quienes
estén cerca, sea en la familia, en la comunidad o en el ambiente de trabajo. Al final, la persona con Destino 5 es la que hace
las grandes revoluciones y transformaciones en el mundo, en
todas las áreas.

Hogar, dulce hogar
Las personas con Número de Destino 6

Las oportunidades que surjan durante la vida de una persona de Destino 6, desde la infancia, le exigirán que sea sensible a las dificultades y problemas de los demás.

El niño con Destino 6 puede nacer y crecer en un ambiente en el que tenga que luchar para conquistar el amor de sus padres, o en el que se sienta responsable de mantener la unión de un hogar amenazado y desestructurado por problemas familiares. Éste es un Destino en el que se aprende a vivir y a valorar el amor entre las personas. El niño puede tener una necesidad enorme de conseguir la atención de los demás a cualquier precio. En consecuencia, se dedica a ellos, muchas veces con actitud exagerada, posesiva y controladora. O bien, la convivencia con padres sobreprotectores podría dejarlo con poco espacio para desarrollar su amor propio. Así acaba por depender demasiado del aprecio de los demás, por necesitar la opinión y el apoyo ajenos para tomar decisiones y actuar. Tiene miedo de no corresponder a las expectativas; se siente menos valorado por las personas que le agradan y de quienes quiere recibir afecto.

Los padres del niño con Destino 6 deben orientarlo para que valore su propia opinión, para que no se deje llevar por las críticas de otras personas, para que desarrolle su amor propio y establezca relaciones con límites definidos. Asimismo, deben darle espacio, amarlo y valorarlo. No es raro que el niño con Destino 6 desarrolle muchas formas de llamar la atención y tienda a hacer todo para los demás de modo que siempre lo busquen y de ese modo, se sienta querido y necesitado por ellos.

Para una persona con Destino 6, la vida sólo tiene sentido si forma parte de una familia unida y bien estructurada. Amante de la belleza y de la estética, busca incansablemente el equilibrio, ya sea en el hogar, en el trabajo o en cualquier ambiente en el que actúe.

Desde niño, la vida le propiciará a la persona con esa vibración, situaciones en las que se desarrollará la responsabilidad por los demás, sobre todo por la familia, y se propiciará un vínculo mucho más fuerte con sus seres más queridos. Los paseos y las visitas con los padres, abuelos, tíos, primos, hermanos, padrinos, en fin, con la familia, serán fuente de placer. Siempre constituirá una buena compañía y adorará sentirse útil. En la escuela existe el deseo solidario en relación con la profesora o sus compañeros. En la universidad y en la vida adulta, en el trabajo, la persona 6 será diligente y hará todo con placer y mucha dedicación. Su mayor felicidad es el bienestar del prójimo. Lo que más placer le causa es el trabajo en equipo. Feliz con la vida, actúa con justicia y amor. De tanto preocuparse por los demás, debe cuidar de no comprometerse en exceso con las vidas ajenas y no exigir demasiado.

Si esa persona de Destino 6 lidia de forma positiva con todos los desafíos que encuentre durante su vida, desde la infancia hasta llegar a la fase adulta, tendrá una gran facilidad para proteger y un gran sentido del deber y la justicia. Además, le será fácil poner belleza y armonía en su vida y en su ambiente. Su Destino está relacionado con la aplicación de las artes. Su toque personal, su buen sentido y el amor que les dedica a todos, traen equilibrio y alegría. Esa obstinación por el bien común fomenta en las personas con esa vibración un buen potencial de desarrollo profesional, al actuar como trabajadores sociales, psicólogos, diseñadores, enfermeros, abogados, decoradores, artistas o profesores. Son fieles a sus causas. Por eso, sus compromisos afectivos serán duraderos y tienden a permanecer durante largos periodos en una misma actividad.

Pienso mucho, luego existo
Personas con Número de Destino 7

Las oportunidades que surjan durante la vida de una persona de Destino 7, desde la infancia, le exigirán que estudie, que profundice en el conocimiento, para que pueda enseñar a los demás las conclusiones a las que llegó.

El niño con Destino 7 podrá nacer y crecer en un ambiente en el que la valoración del entendimiento por la razón y la lógica sea más importante que las manifestaciones de afectividad. Es posible que los padres o las contingencias de la vida le hayan exigido adoptar actitudes de adulto o actitudes basadas en el intelecto, haciendo que se sienta poco amado. Los padres deben incentivar la comprensión de la vida también por la emociones, dejando fluir los sentimientos, los miedos, las alegrías y todo lo que la lógica no puede explicar y determinar. Los padres deben dar espacio a las manifestaciones de espontaneidad, las exageraciones, las fantasías y los sueños.

El niño con Destino 7 debe crecer en un ambiente en el que todo se comente y se haga de forma clara, sin subterfugios, con el fin de que crezca sin la sensación de que existe algo extraño y ruin en el aire. Así, asimilará las verdades de la casa, de las relaciones y de la vida en la que se crió, y podrá crecer sin miedo a comprometerse, a expresarse y a relacionarse. En caso de que sus padres sean muy jóvenes o mayores, o que viva su infancia con adultos mayores, como abuelos y hermanos con gran diferencia de edad, es necesario cuidar que no tenga actitudes adultas precoces y deje de manifestar su sensibilidad emocional.

Los padres deben orientarlo extensamente para que construya su identidad, al aceptar sus fragilidades y emociones sin reprimirlo. Deben estimularlo a creer en su capacidad y a valerse de su intuición. De igual manera, habrán de incentivar la realización práctica de todas las ideas que brotan de esa fértil mente. Es necesario que se vuelva objetivo y realista.

El niño con Destino 7 no se satisface con una explicación simplista y superficial, sin base lógica. Siempre plantea muchas preguntas y es demasiado meticuloso cuando se entrega a una actividad que lo cautiva. Su curiosidad intelectual es enorme y debe ser incentivado por sus padres a aumentar sus conocimientos mediante la lectura, paseos escolares y películas con tramas de investigación, así como a buscar novedades, viajar y conocer lugares fuera de lo común.

En el deporte, el niño con Destino 7 sólo se interesa por actividades en las que tenga que usar su capacidad analítica, pensando en las estrategias. No está a gusto cuando lo presionan. Le encanta ver películas con la intención de descubrir cosas nuevas o profundizar en asuntos científicos o misterios. La materia de ciencias, las sesiones en el laboratorio, el uso de la computadora, la búsqueda en general y el empleo de la tecnología guían al niño con Destino 7. Sentirá un enorme placer al disipar sus dudas.

Ese aprendizaje constante es lo que hace que la persona con Destino 7 se desarrolle. Es lo que la hace feliz. Le beneficia convivir con la naturaleza, pues le ayuda a reflexionar. La música le permite quedarse a solas con sus pensamientos, así como apreciar la técnica de un buen baterista, guitarrista, etc. Debe aprovechar los trabajos en grupo para acercarse más a la convivencia social, dado que es recatado.

Puede pasar horas encerrado en su cuarto, dedicado a la lectura, el estudio y la búsqueda de soluciones para un problema intrincado. Por sí solo, poco a poco, adquiere confianza en las otras personas. Es la única forma de que consiga entablar relaciones buenas y duraderas. Debe tener cuidado de no ser arrogante, exigente e inflexible frente a su visión de la vida ya que siempre duda de todo hasta que se consiga probar algo. Como es muy analítico, podrá pensar demasiado sobre un determinado asunto o acontecimiento, hasta el punto de comenzar a ver problemas que no existen.

Si lidian de forma positiva con todos los desafíos que encuentren durante su vida, desde la infancia hasta llegar a la fase adulta, esas personas de Destino 7 estarán siempre listas para buscar soluciones y dar consejos. Ellas son las especialistas en determinado asunto y buscan la calidad ante todo. Su Destino es el de la profundización y el refinamiento del saber.

Esa esencia de la persona con vibración 7 le abrirá oportunidades en profesiones y actividades que impliquen mucho estudio, uso de la tecnología e investigación. Podrán ser excelentes profesores, científicos, técnicos, músicos, escritores, químicos, psicólogos, consejeros y estudiosos de los misterios ocultos.

¡El cielo es el límite!
Personas con Número de Destino 8

Las oportunidades que surjan durante la vida de una persona de Destino 8, desde la infancia, le exigirán que sea emprendedora en el mundo material, al valorar el mando, sin descuidar su compromiso con la espiritualidad.

El niño con Destino 8 podrá nacer y crecer en un ambiente en el que experimente disputas de poder y mando, posiblemente entre sus padres.

Este niño crece con la necesidad de comprender lo que es cierto y lo que es justo, ya que esa información está muy confusa en su vida. O bien, le puede faltar una figura de autoridad, como en el caso de un padre ausente. Eso hace que atraiga más responsabilidades hacia sí mismo o que se vincule con personas notablemente fuertes y autoritarias.

Los padres de un niño con Destino 8 deben orientarlo con la intención de que aprenda a valorar todo en la vida, desde las relaciones afectivas hasta las posesiones materiales. Necesita aprender que las conquistas no se realizan por medio del control, ni de la demostración de fuerza y autoridad; asimismo, que es posible relacionarse con otras personas por amor, amistad y simpatía.

Debe entender que las relaciones personales en la vida no se entablan por trueque o interés, ni por competencia. Los padres deberán orientar a ese niño en el sentido de aceptar las diferencias, dar espacio a las personas menos eficientes, tolerar distintos puntos de vista y practicar la gentileza, el respeto y la paz. Han de educarlo en el sentido de ser en exceso exigente. Para una persona con Destino 8, las palabras "poco" y "pequeño" son casi inexistentes.

Estará siempre en busca de grandes victorias, grandes negocios y grandes causas. Todo esto sucederá porque tiene la necesidad constante de probar su eficiencia y su capacidad de ser autoridad.

Desde la infancia, el niño con Destino 8 albergará pensamientos elevados. Querrá ser el primero en completar el álbum de estampas. En los juegos de rol buscará formas de ganar todo. Y, con honestidad, esto es lógico, ya que ¡no tolera la injusticia y la farsa! Así, pronto tendrá dos álbumes completos. Es eficiente en todo lo que se propone y no le gusta perder tiempo en actividades que no lo lleven a lugar alguno. Sin embargo, huye de los detalles de cualquier proyecto o acción y no le interesa comprometerse en actividades simples, sin desafío.

Cuando asume una responsabilidad, prefiere estar en un puesto de mando y no siempre consigue delegar responsabilidades o confiar en los otros. En la universidad y más tarde, en el trabajo, idealizará los proyectos innovadores.

Debe ser cauteloso con su tendencia al materialismo y la atracción exagerada por el poder, que lo transforman en una persona impaciente, intolerante y con serias dificultades para trabajar en grupo o incluso para convivir con sus familiares.

Durante su vida, la persona con Destino 8 tendrá oportunidades de no dejarse llevar por la ambición desmedida. En algunos momentos podrá obtener el reconocimiento y la recompensa esperados; le bastará para ello equilibrar su deseo material con la fuerza espiritual.

Esa esencia de la persona con vibración 8 le abrirá oportunidades en profesiones que exigirán su gran talento para organizar y dirigir. Podrá ejercer actividades empresariales, de dirección, administración y gerencia de proyectos de gran envergadura.

Si lidia de forma positiva con todos los desafíos que encuentre durante su vida, desde la infancia hasta llegar a la fase adulta, estará siempre lista para enfrentar los obstáculos que surjan y para usar su gran determinación al trabajar con empresas de todo tipo. Sabe cómo resolver situaciones difíciles y problemas complejos. Sus objetivos son claros y, una vez determinados, nada se interpone en su camino hacia las conquistas. Depende de esfuerzos constantes, confianza en sí mismo, eficiencia al dirigir las actividades, coraje frente a las adversidades y capacidad de elaborar estrategias dentro de un plano de acción.

Amar al prójimo
Personas con Número de Destino 9

Las oportunidades que surjan durante la vida de una persona de Destino 9, desde la infancia, le exigirán que se comprometa con asuntos relacionados con el gran público, como las artes y la responsabilidad social.

El niño con Destino 9 puede nacer y crecer en un ambiente en el que sea educado por personas más bien viejas, como los abuelos, o en otros donde se le exija de forma precoz que asuma actitudes de adulto, como tener que cuidar a sus hermanos menores o a sus padres.

La persona con Destino 9 vivirá situaciones conflictivas, ya sea al enfrentar la necesidad de ser un adulto responsable y sabio, o al buscar alejarse de los compromisos y obligaciones, de la dura realidad de la vida, al ocultarse en fantasías utópicas. Puede desear reformar al mundo y, a medida que este niño con Destino 9 se convierte en joven y en adulto, percibe que es posible coexistir con sus sueños, que ahora se transforman en idealismo, y con la realidad.

Todas las situaciones que enfrenta una persona de Destino 9 ocurren para que aprenda sobre la vida y para que amplíe sus conocimientos y su horizonte. Y también para que desarrolle comprensión y responsabilidad en relación con el mundo en el que vive. Por eso, esta persona busca relacionarse con gente con más experiencia de la vida.

Puede tener dificultad con las relaciones íntimas, ya que idealiza el amor y no comprende muy bien las necesidades de los demás.

En el fondo, piensa que todos son como él. En consecuencia, puede pasar por un periodo en el que confía demasiado en los demás y acepta con los ojos cerrados las buenas intenciones. Es importante que los padres siempre le transmitan a ese niño los datos de la realidad; que él pueda posicionarse de manera crítica, usando la razón y la lógica para evaluar los acontecimientos. De igual manera, resulta esencial que lo incentiven para establecer diferencias y límites entre él y las otras personas: entre la emoción y la razón, entre lo real y lo ideal. De esa forma, no se sentirá culpable por la dirección que tome su vida o por las dificultades y fragilidades de los demás. Y podrá enfrentar la realidad sin escapismos, haciendo de sus millones de proyectos e ideas una fuente concreta de realización.

Para una persona con Destino 9, la preocupación por ayudar a los demás y por transmitir sus conocimientos, serán sus misiones de vida.

Desde la tierna infancia, estará preocupado por ayudar a aquellos que se lesionan en un juego, que tienen dificultad para entender una materia en la escuela o que sufren alguna privación en la vida. El compañero que llora porque desapareció su cachorrito contará con su ayuda. Más tarde, consolará a la amiga que discutió con el novio o con su padre y al colega que está triste porque su equipo de fútbol perdió la final del campeonato.

La vida, para la persona de Destino 9, siempre estará repleta de oportunidades para amparar a aquellos que están en apuros. Su mayor desafío será no olvidarse de sí mismo o de su familia, pues muchas veces tenderá a dedicarse en cuerpo y alma a sus causas. Se interesa por asuntos del medio ambiente y por todo lo que pueda llevar una mejor calidad de vida a la gente. Su motor propulsor es hacer algo que tenga repercusión universal y por eso, le atrae el mundo de las artes, del cine y del espectáculo. Necesita tener algo que decir, mostrar y enseñar a los demás. Por eso, los padres deben incentivarlo a aprender mucho sobre los asuntos más diversos.

Si esa persona de Destino 9 lidia de forma positiva con todos los desafíos que encuentre durante su vida, desde la infancia hasta llegar a la fase adulta, tendrá muchas oportunidades
para aprender sobre varios y distintos temas, para comprometerse con grupos diferentes de personas y para ayudar a quien
lo necesite. No existen limitaciones para ese Destino, mientras
que la persona tenga una mente amplia, receptiva y universal.

La vida le propiciará oportunidades en los campos de la
salud, la enseñanza y la consultoría. Por ende, podría actuar
con mucho éxito en organizaciones no gubernamentales y en-
tidades filantrópicas y de protección del medio ambiente, o
bien, trabajar como médico, enfermero, veterinario, periodis-
ta, psicólogo, asistente social, profesor o diseñador de modas,
o hasta en el desarrollo de proyectos sociales.

Inspiración a flor de piel
Personas con Número de Destino 11

Las oportunidades que surjan durante la vida de una persona de Destino 11, desde la infancia, exigirán que desarrolle su sensibilidad para que sea un mensajero espiritual y pueda orientar a las personas.

La persona con Destino 11 podrá nacer y crecer en un ambiente en el que tenga que luchar por atención, para conquistar y ejercer su individualidad, como sería el caso de una familia con muchos hijos. Entonces comienza a desarrollar una necesidad de dedicarse a los otros en demasía, o bien, un sentimiento de valer menos.

En un Destino 11, las oportunidades son para que el niño amplíe su percepción de la vida y desarrolle la sensibilidad para lograr tener una comprensión profunda de los misterios alrededor de la existencia. Es necesario buscar la comprensión con base en la espiritualidad. Así podrá servir de inspiración para los demás, al hacer la distinción entre ayudar y orientar.

Necesita aprender a comprender la vida y a la gente, de una forma menos individualista, en tanto se libera de los conflictos y contradicciones que marcan el Destino 11, se fortalece y busca nuevas soluciones.

Las experiencias de vida sirven para que el niño entre en contacto con las más diversas culturas y creencias, tipos de personas y todo lo que le dé libertad de pensar, de actuar y de escoger. Los padres del niño con Destino 11 deben incentivarlo a adaptarse a las otras personas, ya que durante su vida tendrá como desafío servirles de inspiración.

Asimismo, deberá ayudar a buscar soluciones para perfeccionar las condiciones existentes y estar atento a sus percepciones e intuiciones, a su voz interior. Tendrá que mostrar sus intenciones de forma clara, sin dejar margen a dudas. Por eso, sus padres deben orientarlo para que sea independiente y responsable.

Si esa persona de Destino 11 lidia de forma positiva con todos los desafíos que encuentre durante su vida, desde la infancia hasta llegar a la fase adulta, experimentará una montaña rusa de emociones, sobre la cual actuará con mucha creatividad. Podrá transformar el mundo y colaborar para que muchos puedan tener una existencia más digna.

La persona con Destino 11 es líder y podrá destacar por sus inclinaciones artísticas.

Idealista por naturaleza, tendrá muchos sueños que, aunque no se concreten por completo, dejarán alguna contribución en la vida de los demás. En los juegos de la escuela o del club, en los trabajos y actividades de la universidad, y después, a lo largo de la carrera profesional, a la persona con energía 11 siempre se le solicitará que intervenga dado que tiene bastante ingenio. Encontrará las soluciones más interesantes y eficaces para lidiar con los obstáculos que surjan y superarlos. Debe tener cuidado con no soñar demasiado, huyendo de la realidad y, debido a ello, dejar de ejercer con eficacia su inmenso potencial creativo. Eso también puede transformarlo en una persona ansiosa, nerviosa y crítica. Es necesario que procure regresar siempre a la Tierra y estar más en sintonía con la vida.

Podrá aprovechar mejor las puertas que se le abran en actividades que exijan más de su gran capacidad creativa, como las artes, de la literatura a la televisión, la música, el cine, la psicología y la publicidad, o como consejero espiritual.

4 La fecha de nacimiento: descubrir la lección de vida

El día de nacimiento es una elección de lo Divino. Por eso, tiene una energía fundamental en la vida de cada persona.

La vibración determinada por la fecha de nuestro nacimiento viene de la suma del día, mes y año. Al realizar esta suma hasta llegar a un dígito (excepto el Número-Maestro 11), obtenemos el Número de Lección de Vida.

El Número de Lección de Vida tiene una de las energías vitales de un ser humano, pues determina los desafíos que debemos aprender a superar a lo largo de nuestro camino. El Número de Destino (suma del nombre) revela cuál es la energía que existe en nuestro camino de vida. A su vez, la Lección de Vida revela cuál es el gran desafío (lección) que cada uno de nosotros vino a aprender al andar este camino. El Nombre de Vida (el primer nombre) muestra las características de personalidad de ese ser que influirán en ese caminar.

Por lo anterior, dentro de la numerología, el Número de Lección de Vida es uno de los más importantes.

Abajo, presentamos el ejemplo de Angelina Jolie Voight, quien nació el 4 de junio de 1975.

Por tanto, tenemos:

$$04 + 06 + (1+9+7+5) > 4 + 6 + 22 = 32 > 3 + 2 = 5$$

Primero, reduzca el año a dos dígitos:

$$1 + 9 + 7 + 5 = 22$$

Después, sume todos los componentes de la fecha de nacimiento:

$$04 + 06 + 22 = 32$$

Por último, sume los dos dígitos finales hasta que queden reducidos a un único dígito (excepto si fuera 11):

$$3 + 2 = 5$$

Su Número de Lección de Vida es 5, lo que significa que el gran desafío que enfrenta Angelina conforme avanza en su Destino 6 es saber usar esa mente fértil en ideas, la libertad y la versatilidad con la intención de fomentar cambios y traer progreso.

Como hablamos de la excepción, que es el Número-Maestro 11, ilustramos esa situación con el ejemplo siguiente.

En el caso de alguien que hubiera venido al mundo el 17 de noviembre de 1981, el cálculo es:

$$17 + 11 + 1 + 9 + 8 + 1 = 17 + 11 + 19 = 47 > 4 + 7 = 11$$

Primero, reduzca el año a dos dígitos:

$$1 + 9 + 8 + 1 = 19$$

Después, sume todos los componentes de la fecha de nacimiento:

$$17 + 11 + 19 = 47$$

Por último, sume los dos dígitos finales:

$$47 > 4 + 7 = 11$$

En este caso, no se suma de nuevo hasta llegar a un resultado de un solo dígito, pues el 11 se considera un Número-Maestro.

La persona tiene así un Número de Lección de Vida 11.

Número de Lección de Vida 1

Gran desafío

Desarrollar la individualidad y la independencia, así como usar sus ideas originales para ejercer el liderazgo.

Número de Lección de Vida 2

Gran desafío

Desarrollar la comprensión y la diplomacia, al establecer la armonía entre las partes en conflicto.

Número de Lección de Vida 3

Gran desafío

Desarrollar la comunicación y el optimismo, trayendo alegría y bienestar a la vida.

Número de Lección de Vida 4

Gran desafío

Desarrollar la organización y la planificación para poder actuar de una forma constructiva y útil.

Número de Lección de Vida 5

Gran desafío

Saber usar sus muchas ideas, su libertad y su versatilidad para promover los cambios y el progreso.

Número de Lección de Vida 6

Gran desafío

Desarrollar el arte y el sentido de responsabilidad y justicia para con las personas, buscando la armonía.

Número de Lección de Vida 7

Gran desafío

Conocerse a sí mismo y buscar respuestas para todas sus dudas, al desarrollar la capacidad analítica y la intuición.

Número de Lección de Vida 8

Gran desafío

Aprender a usar la capacidad de mando para organizar el mundo material.

Número de Lección de Vida 9

Gran desafío

Ampliar su visión del mundo, de forma que utilice su creatividad e idealismo para proporcionar una mejor calidad de vida a las otras personas.

Número de Lección de Vida 11

Gran desafío

Tomar conciencia del mundo espiritual, siendo capaz así de transmitir todo su conocimiento y sabiduría a los demás, al abrir nuevos caminos y orientar con su luz.